LE FRANÇAIS POPULAIRE

DU MÊME AUTEUR

DANS LA COLLECTION « QUE SAIS-JE ? »

La stylistique, n° 646.
La sémantique, n° 655.
L'argot, n° 700.
La grammaire, n° 788.
Les locutions françaises, n° 903.
La syntaxe du français, n° 984.
L'ancien français, n° 1056.
Le moyen français, n° 1086.
L'étymologie, n° 1122.
Les mots étrangers, n° 1166.
Patois et dialectes français, n° 1285.
Les mots savants, n° 1325.

A PARAITRE

La linguistique appliquée.
La rhétorique.

DANS D'AUTRES COLLECTIONS

Les sources médiévales de la poésie formelle : la rime, Groningen, J. B. Wolters, 1952.

Langage et versification d'après l'œuvre de Paul Valéry. Etude sur la forme poétique dans ses rapports avec la langue, Paris, Klincksieck, 1953.

Les caractères statistiques du vocabulaire, Presses Universitaires de France, 1954.

Index du vocabulaire du symbolisme, Paris, C. Klincksieck, 1953-1954.
I. *Apollinaire (Alcools)* ; II. *Valéry (Poésies)* ; III. *Mallarmé (Poésies)* ; IV. *Rimbaud (Les illuminations)* ; V. *Claudel (Cinq grandes odes)* ; VI. *Verlaine (Les fêtes galantes, Les romances sans paroles)*.

Index du vocabulaire de la poésie classique, Paris, C. Klincksieck, 1955.
I. *Le Cid* ; II. *Cinna* ; III. *Phèdre*.

Bibliographie de la statistique linguistique (en collaboration avec J. WHATMOUGH), publication du Comité international permanent des Linguistes, Utrecht, Spectrum, 1954.

Problèmes et méthodes de la statistique linguistique, Reidel-P.U.F., Dordrecht-Paris ; 1960.

Structures étymologiques du lexique français, Paris, Larousse, 1967.

Le gay savoir de la Coquille ou la clé des ballades en jargon de Villon, Paris, Gallimard, 1968.

Problèmes et méthodes de la stylistique, Paris, C. Klincksieck (sous presse).

Les grands textes de la stylistique, Paris, C. Klincksieck (sous presse).

« QUE SAIS-JE ? »
LE POINT DES CONNAISSANCES ACTUELLES
N° 1172

LE FRANÇAIS POPULAIRE

par

Pierre GUIRAUD

*Professeur à la Faculté des Lettres
et Sciences humaines de Nice*

DEUXIÈME ÉDITION

PRESSES UNIVERSITAIRES DE FRANCE
108, BOULEVARD SAINT-GERMAIN, PARIS

—

1969

DIX-HUITIÈME MILLE

Dépôt légal. — 1re édition : 2e trimestre 1965
2e édition : 1er trimestre 1969

**Tous droits de traduction, de reproduction et d'adaptation
réservés pour tous pays**

© 1965, *Presses Universitaires de France*

INTRODUCTION

La notion de langue « populaire » est assez floue et fluente et il nous faut d'abord la préciser.

Une première ambiguïté doit être dissipée, qui procède de l'école et d'une terminologie traditionnelle opposant mots savants et mots populaires. On sait, en effet, qu'une partie de notre lexique et de notre grammaire est issue directement du latin par un développement naturel, non contrôlé et non contrarié ; alors qu'en marge un courant savant a créé des mots et des constructions par un processus conscient, arbitraire et qui tout en ayant ses tendances propres élude les lois de l'évolution naturelle. C'est ainsi que *fabricam* aboutit « naturellement » à *forge* alors que les érudits ont repris le mot au latin sous la forme *fabrique*. On dira que *forge* est d'origine « populaire » et *fabrique* d'origine « savante ».

Cette notion d'origine ne doit pas être réservée aux formes du fonds héréditaire latin ; à chaque période de l'histoire, des mots ont été créés ; par voie de formation savante pour les uns, populaire pour les autres. Enfin cette origine (savante ou populaire) n'est pas un caractère du seul lexique ; les formes grammaticales, les tours de syntaxe, la prononciation elle-même peuvent avoir une origine savante ou populaire.

On ne confondra pas cette *origine* avec *l'usage* ; l'origine n'étant que l'usage premier. Ainsi le savant *fabriquer* appartient aujourd'hui à la langue commune ; et une expression du type : « qu'est-ce que tu fabriques ? » est, sinon populaire, en tout cas familière.

Certes la langue parlée par le peuple contient une forte proportion de formes d'origine populaire et les doctes inversement utilisent un grand nombre de mots d'origine savante ; mais la langue commune s'alimente à chacune de ces deux sources et nombre de mots d'origine savante tombent dans l'usage populaire et inversement.

Ces précisions étaient nécessaires avant de dire que sous le nom de *français populaire* nous n'envisageons pas ici une étude historique et étymologique de la langue conçue dans son origine, mais un inventaire des formes — phoniques, lexicales, grammaticales — du français tel qu'il est aujourd'hui parlé dans le peuple.

A partir de cette première délimitation, notre sujet pose un certain nombre de définitions qui doivent être serrées au plus près ; une langue, en effet, est un complexe de composantes nombreuses, imbriquées et fondues en une étroite synthèse dont l'analyse — indispensable — comporte toujours une part de convention et d'arbitraire.

Cette analyse, j'en emprunterai le cadre au remarquable *Essai de grammaire de la langue française* de J. Damourette et E. Pichon, sur lequel j'ai eu si souvent déjà l'occasion de diriger mes lecteurs.

Parmi les principaux éléments d'un état de langue, Damourette et Pichon distinguent ce qu'ils appellent, avec ce goût de l'innovation terminologique qui les caractérise, *usance*, *disance*, *parlure*, *jargon* (cf. *E.G.L.F.*, t. I, chap. III).

L'*usance* est la langue considérée telle qu'elle est parlée en un lieu donné. En effet, « dans chaque province, les habitants, lorsqu'ils parlent le français, donnent à cette langue un certain nombre de caractères particuliers propres à la province... » (t. I, p. 45). L'usance ne doit pas être confondue avec le dialecte ; par exemple, à Marseille, il existe des « parlures » dialectales qui sont du provençal classique ou patoisant et un « français de Marseille » ; de même qu'il y a un français en usance à Toulouse, à Lille, à Liège, etc.

Ces différentes usances sont évidemment sous l'influence des dialectes et patois locaux, qui leur confèrent leur spécificité mais sans se confondre avec eux. Le français de Marseille (ou de Lille) est du français ; c'est aujourd'hui la seule langue de la plupart des Marseillais et ceux qui utilisent encore le patois (ou éventuellement le provençal classique) le font très consciemment, encore que ce soit souvent inconsciemment que le substrat dialectal colore et contamine le français.

Dans cette perspective, notre *français populaire* a pour base l'*usance* de l'Ile-de-France et plus particulièrement de Paris car nous y étudions la « parlure » urbaine plutôt que rurale ; parlures distinctes bien que partageant nombre de traits communs.

La *disance* — toujours selon Damourette et Pichon — est la langue considérée telle qu'elle est parlée par les gens d'un métier donné. C'est une langue technique. En effet « il y a des habitudes professionnelles. Les termes techniques qui désignent les actes, les outils, les produits d'un mode de l'activité humaine sont assez souvent ignorés du gros de la nation » (*op. cit.*, t. I, p. 45).

Le *jargon* est distinct de la disance dans la mesure où il s'agit de la langue telle qu'elle est parlée par un cénacle, par un de ces milieux « qui recourent, soit par intérêt, soit par fantaisie, soit par traditions particulières, à des tours ou à des vocables incompréhensibles pour les non-initiés ». L'argot des malfaiteurs est une des formes les plus caractéristiques de ces jargons. Et on distingue de nombreuses formes d'argots (grandes écoles, sports, etc.) qui sont des mélanges de *disances* (langues techniques) et de *jargons* proprement dits (1).

Notre *français populaire* n'est ni une langue technique, ni un argot, dans la mesure où il est commun à une vaste partie de la population et non à un métier particulier ou à un cénacle fermé. Cependant il est clair qu'il s'alimente aux disances populaires : métiers artisanaux, petits commerces, etc. Il est aussi largement ouvert à l'argot (des malfaiteurs) au point que beaucoup de linguistes modernes tendent à confondre argot et langage populaire ; l'argot étant alors une forme limite et particulièrement vulgaire de la langue populaire (cf. mon *Argot* où, sous le nom d' « argotique », j'ai fait une large place à des phénomènes qui sont communs à l'ensemble du français populaire).

Usance parisienne, alimentée aux sources des disances et des jargons populaires (car il y a des disances et des jargons savants), notre *français populaire* est une forme de ce que Damourette et Pichon appellent des *parlures* ou langue telle qu'elle est parlée par les gens d'un niveau social donné (2). En effet, « il y a des habitudes caractéristiques de tel ou tel niveau social. Dans chaque classe, les individus recourent aux vocables et aux tournures qui

---

(1) Cf. mon *Argot*, coll. « Que sais-je ? », n° 700.
(2) Nous disons *langue parlée*, car dans la grande majorité de ses manifestations il s'agit d'une langue orale. Mais elle a aussi des formes écrites. Et on peut constater que le populaire n'écrit pas comme il parle.
Comme pour la langue « bourgeoise » d'ailleurs, la distinction parlé-écrit correspond à une opposition entre style familier et style soutenu. En effet, il y a un ton populaire « noble », tout à fait caractéristique. Ces problèmes seront évoqués au passage.

sont consacrés par les mœurs de cette classe ; leur parler suffit ainsi, bien souvent, à faire reconnaître, au premier abord, le degré d'affinement auquel leur famille est parvenue... Il serait par trop schématique de distinguer un nombre déterminé de parlures françaises, car les divers étages de la société interfèrent. Néanmoins il existe aux deux extrémités de l'échelle deux parlures bien définies : la *parlure bourgeoise* et la *parlure vulgaire* » (*op. cit.*, t. I, p. 50).

C'est cette *parlure vulgaire*, langue du peuple de Paris, dans sa vie quotidienne, qui constitue l'objet du présent ouvrage. Evidemment il n'y a pas un français populaire, mais d'infinies nuances ; mais nous serons amenés par nécessité didactique à forcer le trait et à organiser notre description à partir des formes les plus caractéristiques, c'est-à-dire les plus « vulgaires », les plus dégradées ; parfois jusqu'à la caricature.

D'autre part, à la classification de Damourette et Pichon il est bon d'ajouter une autre forme du langage qui est le *ton* (élevé, soutenu, familier, etc.) qui dépend de la situation dans laquelle sont placés les locuteurs (1). A ce sujet, on relèvera que la parlure bourgeoise dans son usage *familier* présente de nombreux traits communs avec la parlure vulgaire. Il est notable, par ailleurs, que l'écart entre le français populaire et le français familier (d'usage cultivé) se réduit chaque jour. Cela tient, d'une part, à l'accès à la culture des classes populaires (scolarisation, information) ; au fait, d'autre part, que beaucoup de locuteurs bourgeois adoptent ou acceptent de

---

(1) Des linguistes modernes, comme M. L. Flydal ou E. Coseriu, distinguent : des différences dans l'espace géographique ou *diatopiques* (notre usance), des différences entre les couches socio-culturelles ou *diastratiques* (notre parlure) ; des différences entre les types de modalité expressive ou *diaphasiques* (notre ton).

plus en plus des formes vulgaires (voire argotiques).

Nous assistons à une intégration des classes sociales ; non qu'elles aient disparu, ni que les signes dont elles sont marquées soient moins significatifs et impératifs, mais ils sont moins différenciés : aujourd'hui la grande majorité de la population mange, s'habille, parle de façon à peu près identique. Aussi les variations linguistiques (et les autres), sans avoir rien perdu de leur réalité et de leur importance, s'inscrivent dans une marge stylistique plus étroite et qui rend leur identification plus difficile.

Ceci dit, quelles sont les différences entre la parlure vulgaire et la parlure bourgeoise.

Entre le français populaire et le français cultivé il y a la distance d'une culture ; et d'une culture particulière qui, tout en ayant des bases communes avec celle des autres nations occidentales, a pris chez nous des formes spécifiques. De cette culture, les principaux éléments sont assez visibles :

— la formation d'une langue savante, artificiellement tirée du latin et qui n'a jamais été entièrement intégrée au fonds héréditaire ;
— la normalisation et la stabilisation de l'idiome ; sans doute prématurées et souvent arbitraires, qui en ont infléchi et ralenti le développement naturel ;
— l'importance accordée à l'enseignement de la langue ; d'où une acuité — sans doute unique — de la conscience grammaticale et étymologique, et une soumission à la règle et à l'autorité des auteurs ;
— la place de la logique et de la rhétorique dans un rationalisme qui vise à une analyse minutieuse, précise et *claire* de la pensée et de son expression.

Le français cultivé porte la marque profonde de ces origines historiques particulières ; il est né de l'action des grammairiens qui au cours des XVIe et XVIIe siècles ont stabilisé et normalisé l'idiome dans une phase de transition, à une époque où la structuration naturelle du système n'était pas encore achevée (cf. mes *Ancien français* et *Moyen français*).

Il en résulte que, d'une part, on a fixé des formes irrégulières, parasitaires et inutiles qui étaient en voie d'extinction ; que, d'autre part, on a arrêté le développement de nouvelles structures qui étaient en germe dans le système et en cours de développement.

C'est pourquoi la plupart (mais non **la totalité**) des fautes imputées par la grammaire normative au français populaire finissent par forcer le barrage des règles et sont des formes de ce qu'on appelle quelquefois le « français avancé ». Pour les mêmes raisons, elles sont aussi dans nombre de cas les formes héréditaires, attestées par les plus grands écrivains des XVe et XVIe siècles, à une époque où la langue n'était pas encore soumise au contrôle et à la répression de l'école.

Ainsi, entre le français populaire et le français cultivé il y a la distance de la Nature à l'Art ; mais on évitera, pour l'instant, d'attacher à cette opposition un jugement de valeur. Le français cultivé est à la fois beaucoup plus riche et beaucoup plus complexe. Parce que, d'une part, il exploite au maximum toutes les virtualités du système héréditaire ; parce que, d'autre part, il a greffé sur ce dernier un autre système linguistique directement issu du latin et qui n'a pas été entièrement assimilé.

Richesse donc, mais telle qu'elle trouble l'économie naturelle de l'idiome et réclame un long apprentissage, une réflexion constante sur les fonctions étymologiques et une stabilisation de formes trop complexes et trop fines.

Le français populaire, en revanche, a conservé la simplicité, l'homogénéité, la vigueur et la naïveté d'une économie naturelle. Mais cette terre vierge est aussi nécessairement envahie par les broussailles, les lianes, les fongosités, les branches mortes de formations inutiles, redondantes ou avortées. Le contact, d'autre part, et la pression de la norme multiplient ces parasites sous la forme de barbarismes et de solécismes qui n'appartiennent à aucun des deux systèmes et envahissent insidieusement l'un et l'autre.

Mais la différence essentielle tient au fait que le français cultivé est défini par des *règles* tirées à la fois d'une réflexion sur l'idiome et de l'expérience d'une tradition, alors que le français du peuple n'est soumis qu'aux *lois* naturelles qui gouvernent tout système de signes.

Chapitre Premier

RÉDUCTION ANALOGIQUE DES FORMES IRRÉGULIÈRES

La grammaire constitue un système d'oppositions de formes correspondant à des oppositions de sens dont les premières sont les marques.

Ainsi nous opposons :
— *la table/les tables* = singulier/pluriel ;
— *le chat/la chatte* = masculin/féminin ;
— *je chante/tu chantes* = 1re pers./2e pers. ;
— *je chante/je chantais* = présent/passé ;
— etc.

En bonne économie, une opposition formelle donnée devrait correspondre à une opposition sémantique donnée et inversement, en sorte qu'il y ait une forme pour chaque sens et un sens pour chaque forme. Si tel était le cas nous aurions un seul type de pluriels, une seule conjugaison, etc., et la grammaire serait ramenée à un minimum de paradigmes (ou modèles). C'est une fonction naturelle du langage que de réduire cette complexité en éliminant les formes parasitaires et irrégulières. Il procède par l'analogie, refaisant, par exemple, un féminin *partisante* à partir de *partisan* sur le modèle *commerçan(t)/commerçante*.

En fait aucun idiome n'y arrive entièrement ni ne

présente une parfaite simplicité de structure. Ceci pour plusieurs raisons.

D'une part, les langues s'altèrent au cours de leur évolution ; elles sont soumises à des accidents générateurs de nouvelles irrégularités. D'autre part, certaines formes sont si fréquentes, si bien ancrées dans la mémoire de l'usager qu'elles résistent et qu'on continue à dire *je vais/nous allons*, etc. Enfin la culture normalise et fixe l'usage en figeant ainsi des irrégularités qui auraient pu être normalement éliminées.

Mais voyons tout d'abord quelles sont les principales irrégularités du français et quelle est leur origine. Le français est né du latin (cf. mes *Ancien* et *Moyen français*). Au cours du haut Moyen Age le système des formes latines s'est altéré sous la poussée de l'évolution phonétique et sémantique. Sur les ruines de l'ancien système se sont lentement reformées de nouvelles structures. L'étude des langues romanes, celle de l'ancien français permettent de saisir le processus de cette évolution et de cette structuration.

Prenons un exemple simplifié : le jeu des lois phonétiques qui entraîne, en français, la diphtongaison des voyelles accentuées (libres) alors que les atones conservent leur articulation. Il en résulte la formation au sein du système verbal d'une opposition vocalique du type : *j'aim/nous amons, je liève/nous levons, je meurs/nous mourons*, etc. (cf. mon *Ancien français*, p. 67).

Or cette opposition n'a pas de fonction, elle est vide de sens — « non pertinente » et, par conséquent, inutile. L'ancien français l'a progressivement éliminée au cours de son histoire. Toutefois à partir du XVIe siècle l'idiome a été stabilisé ; les grammairiens et l'école ont imposé des alternances qui n'avaient pas encore été éliminées d'où des formes du type *je meurs/nous mourons* qui continuent à être imposées par l'usage.

Certes il ne faut pas exagérer cette fonction négative de la règle, car les langues les plus incultes fixent et conservent des irrégularités, en particulier des formes auxiliaires d'une grande fréquence d'emploi. Toutefois des vulgarismes modernes du type : *je va, je crois pas que je peuve*, etc., attestent le dynamisme de l'analogie et montrent qu'elle peut dissoudre les caillots les plus indurés. Il n'est pas douteux que libéré des entraves de la règle et abandonné à son fonctionnement naturel l'idiome aurait éliminé la plus grande partie des formes irrégulières imposées par la norme (1). Or c'est précisément ce que fait le français populaire.

C'est ainsi qu'il réduit analogiquement les formes irrégulières, s'attaquant, par exemple, aux pluriels ou aux verbes des conjugaisons mortes (3e groupe).

Cette structuration est très évidente et serait beaucoup plus cohérente encore si elle n'était pas troublée par la pression de la norme cultivée. Cette dernière peut engendrer, en effet, des hypercorrections, c'est-à-dire des formes abusivement régulières construites sur le modèle d'irrégularités normalisées. Ainsi on prononcera *dompeter* avec un *p* par réaction orthographique ou on fabriquera un pluriel *portaux* : *un portail/des portaux* sur le modèle *un vitrail/des vitraux*.

On voit, sur ce dernier exemple, qu'il y a plusieurs types de fautes et qui ne peuvent pas être jugées selon les mêmes critères. Par exemple, la forme

---

(1) Ceci dit, il ne faut pas ignorer que la règle stabilisatrice oppose un barrage aux forces destructrices du langage et que si elle fixe un certain nombre de formes irrégulières, elle en empêche un plus grand nombre encore de s'introduire dans le système.

vous disez, est conforme à l'évolution naturelle et concourt à l'économie du système et à l'homogénéité des structures morphologiques ; on peut la considérer comme une forme de ce que certains dénomment *le français avancé* dans la mesure où elle a des chances d'être un jour acceptée par la norme. La forme *vous médites,* en revanche, va à l'encontre du décours naturel de l'évolution ; c'est une *hypercorrection* pseudo-cultivée, née de l'ignorance et de la confusion. Le français populaire concourt donc, selon le cas, soit à clarifier l'idiome, soit à le troubler.

C'est contre cette tendance que le français cultivé entend se protéger. Pour lui la langue est un système de signes symboliques, et donc conventionnels, convention qu'il convient de faire enregistrer par le grammairien qui en imposera le respect. Stabilité grâce à laquelle — abstraction faite du style — Mme Verdurin, à peu de chose près (quelques subjonctifs, quelques prépositions), continue à parler comme la marquise de Sévigné ; alors qu'il y a un monde entre la langue d'un chauffeur de taxi faubourien et celle d'un cocher du grand siècle. C'est *un* des rôles, précisément, de la culture — au moins telle qu'elle a été conçue chez nous, par nos élites — que de soustraire l'idiome aux contingences et aux variations sociales, dialectales et chronologiques de l'usage.

Livrée à elle-même la langue tend à une simplification du système par l'élimination des formes parasitaires et, à la longue, par celle des paradigmes secondaires. Il y a donc une économie de la langue, fondée sur les besoins de la communication, et qui en règle naturellement l'évolution dans le sens d'une structure plus simple et plus cohérente.

L'étude du français, des origines à nos jours, permet de voir et de définir les formes de cette structu-

RÉDUCTION ANALOGIQUE DES FORMES

ration ; de voir en même temps comment elle a été troublée, arrêtée ou canalisée par l'intervention des doctes qui ont stabilisé la structure de l'idiome en un corps de règles figées.

Or c'est cette évolution naturelle de l'idiome qui se poursuit en français populaire en marge de règles ignorées par le vulgaire. Est-ce dire que le français populaire est le vrai français ? Non certes, c'est un français natif, naturel comme le « bon sauvage » ou la médecine des rebouteux. (*"bone setter"*)

Entre le français populaire et le français cultivé il y a, comme on l'a dit, la différence d'une *culture* ; la distance de l'Art à la Nature. Aussi ne s'étonnera-t-on pas si les discussions qui s'élèvent entre les partisans du laissez-faire et ceux de la règle sont si souvent passionnées.

Quant à nous, notre intention n'est pas de légitimer le français populaire mais de le décrire, de le définir et de l'expliquer.

A cet effet, la meilleure méthode est de le replacer dans le cadre de la grammaire traditionnelle et d'examiner chaque « faute » en fonction de la règle qu'elle transgresse.

Et sans vouloir justifier ces « fautes », ni les excuser, ni — à plus forte raison — les imposer, il est bon de les laver de toutes connotations morales et péjoratives qui en font des péchés contre la grammaire.

I. — Le nom

Le substantif et l'adjectif varient en genre et en nombre.

1. Le nombre. — Les pluriels se forment sur deux paradigmes ; le modèle de base (pluriels en -*s*) et les mots en -*al* qui ont un pluriel en -*aux*. Ce paradigme secondaire est bien intégré dans le système et on relève rarement de fautes à ce niveau. Frei mentionne *un bestiau, un animau* ; il s'agit, à mon avis, de formes dialectales, d'origine paysanne, plutôt que de véritables variations analogiques.

Cependant on relève des *amirals*, des *caporals* et évidemment d'innombrables hésitations sur le pluriel des « irréguliers » : *bal, chacal, régal*.

La tendance est générale de prononcer la consonne finale dans le pluriel des monosyllabiques, *œuf, bœuf, os*, etc. On dit des *bœuff*, des *oss* (avec *f, s*).

On sait que cette consonne finale s'amuït devant l'*s* de la désinence en ancien français et il y a opposition entre *le chef/les ches, le coq/les cos*, etc. (cf. *Ancien français*, p. 69).

Cette finale a été restituée analogiquement au cours du moyen français ; restitution que le français populaire généralise dans les quelques mots qui ont conservé l'alternance archaïque.

Le français populaire étend aussi l'emploi du pluriel sémantique qui consiste à mettre au pluriel le nom d'un objet unique mais composé de deux ou plusieurs éléments : la norme admet aujourd'hui des *tenailles*, des *pantalons*, des *culottes*, etc., longtemps critiqués par les puristes qui continuent à proscrire des *pince-nez*, des *escaliers*, *deux alternatives*, etc. Ce type de mot est presque toujours au pluriel en français populaire.

2. **Le genre.** — Le genre est une des grandes difficultés du français dans la mesure où il est arbitraire et ne correspond pas à une opposition sémantique de sexe.

Lorsque le nom désigne un être vivant sexué, le français populaire rétablit le genre sémantique et dit *un ordonnance, un clarinette* (un joueur de clarinette); *il a été le dupe dans cette affaire...*

Dans les cas, beaucoup plus fréquents, où le mot désigne une chose, le genre privé de toute base sémantique tend à se modeler sur un paradigme purement formel ; tendance qui constitue une véritable loi du français (cf. *infra*, p. 31).

3. **Le genre des adjectifs.** — Le genre des adjectifs présente deux types de fautes qui elles aussi ont une origine historique. Le modèle est constitué par l'opposition masculin/féminin = *suffixe zéro/-e : noir/noire*.

Par ailleurs il existe un certain nombre d'adjectifs irréguliers, à genre uniforme ; les uns oxytons (*vert* pour les deux genres en ancien français), les autres paroxytons (*publique* pour les deux genres). Ces irrégularités ont été éliminées par la création analogique d'un féminin *verte*, d'un masculin *public*.

La stabilisation de l'idiome a arrêté le cours de cette évolution et laissé un nombre important de formes irrégulières dans le système (cf. mon *Moyen français*, pp. 105-107).

Comme on peut s'y attendre, la réduction s'est poursuivie en français populaire. Ainsi, de *pécuniaire*, interprété comme un féminin, on tire un masculin *pécunier : a-t-il souffert des embarras pécuniers ? ; l'argument pécunier ne me touche pas*.

Ce procès, par ailleurs, se combine avec l'évolution phonétique ; en particulier l'amuïssement des consonnes finales et celui de l'*e* caduc. Ainsi *avar'* est conçu comme un masculin sur le modèle *paillar(d)*, d'où on tire un féminin *avarde*, et aussi *elle est bizarde*. De même *tiède* donne un masculin *tie(d)* sur le modèle *froi(d)* ; *joyeu(x)/joyeuse* entraîne *bleu/bleuse*.

Dans certains cas, l'amuïssement des finales a pu amener la confusion des deux paradigmes ; ainsi l'opposition *-an/-anne* tend à se confondre avec *-an(t)/-ante*; d'où des formes du type *partisan/partisante*. Les exemples de telles analogies abondent dans le français littéraire jusqu'au XVIIe siècle (cf. mon *Moyen français*, p. 106).

II. — Le verbe

1. Les conjugaisons. — Le verbe français forme un système complexe. Il comprend trois groupes :

— Le premier est celui des verbes en *-er* (*chanter*, *parler*, etc.). C'est le type de base qui compte à peu près les neuf dixièmes des verbes français.

— Ce deuxième est celui des verbes en *-ir(iss)* (*finir*, *rougir*, etc.). *-iss-* représente un infixe à valeur inchoative : *rougir = devenir rouge*. On continue à tirer des verbes en *-ir* à partir d'adjectifs mais la conjugaison reste peu féconde, elle comporte environ 300 verbes.

— Le troisième groupe comprend les verbes anciens qui échappent à tous système, ce sont des verbes « irréguliers » au nombre d'environ cent cinquante.

Le groupe est « mort » dans la mesure où on ne forme plus de nouveaux verbes sur le modèle de *courir*, *voir* ou *prendre* et ceux qui existent, d'autre part, tendent à disparaître.

La réduction du troisième groupe est particulièrement active en français populaire. Elle se fait à la fois par changement de flexion et par substitution synonymique.

La substitution synonymique consiste à remplacer un verbe irrégulier par un synonyme qui appartient au premier groupe. La langue a, au cours de son histoire, éliminé ainsi un grand nombre de verbes irréguliers :

ardre	> *brûler*	*fuir*	> *se sauver*
bailler	> *donner*	*haïr*	> *détester*
ceindre	> *entourer*	*luire*	> *briller*
chaloir	> *importer*	*paître*	> *brouter*
choir	> *tomber*	*partir*	> *partager*
clore	> *fermer*	*poindre*	> *piquer*
croître	> *pousser*	*quérir*	> *chercher*
faillir	> *manquer*	*vêtir*	> *habiller*
férir	> *frapper*	Etc.	

L'irrégularité peut être aussi éliminée par une locution verbale : *bruire* > *faire du bruit* ; *frire* > *faire frire* ; *nuire* > *être nuisible* ; *craindre* > *avoir peur*.

Ce procès se poursuit dans la langue populaire qui substitue : *aller* > *marcher* ; *se mouvoir* > *remuer, bouger* ; *jaillir* > *gicler* ; *ensevelir* > *enterrer*, etc.

Un autre procédé consiste à refaire la flexion tout en conservant le radical : *mouler le café* ; *romper les rangs* ; *concluer une affaire* ; *agoniser de sottises*.

Cf. de même *cuiser, pleuver, lotisser, mouver*, etc. ; *pointer, chuter, agresser* et la longue série des verbes en *-onner* : *réflexionner, visionner, déceptionner, intentionner, tractionner, excursionner*, etc.

Substitution synonymique *(faillir > manquer)* ; transfert flexionnel *(moudre > mouler)* ; décumul *(craindre > avoir peur)* ; dérivation régressive *(choir > chuter)* ; contamination sémantique *(échoir > échouer)*, tous ces phénomènes tendent à éliminer les formes irrégulières et sans valeur distinctive pour réduire le système du verbe français à un paradigme unique.

2. **L'apophonie.** — Une seconde source d'irrégularités est dans l'apophonie ou alternance de la voyelle du radical. Elle est, en ancien français, générale et consécutive à l'évolution phonétique ; l'ancienne langue conjugue *j'aime/nous amons, je pleure/nous plourons*, etc.

La réduction de l'apophonie est une des lois fondamentales de la morphologie du français (cf. mon *Ancien français*, pp. 66-69). Toutefois elle s'est conservée dans deux paradigmes : les verbes en *-oyer*, *-uyer* (*je noie/nous noyons*) et les verbes en *-eler*, *-eter* (*j'appelle/nous appelons*).

Les deux types sont ramenés à la norme par le français populaire.

La syncope de l'*é* (accentué), là où elle est phonétiquement possible, permet d'uniformiser le radical. En effet, la prononciation : *elle se décoll'te, elle épouss'te les meubles, il empaqu'te, j'ach'trai* (j'achèterai), etc., réduit l'alternance *feuilleter/il feuillette* uniformément ramenés à *feuill'ter/il feuill'te*.

De même l'alternance *je noie/noyer* peut être réduite par le développement d'un jod transitoire dans la prononciation *je noye* (« noille »), *j'essuye* (« uille »). Ce phénomène est conforme à la phonétique du français et il a été d'ailleurs accepté par la norme en ce qui concerne le type en *-ayer* ; la prononciation *je paye, j'essaye* étant, sinon très distinguée, en tout cas admise par la règle.

On trouve, par ailleurs, des vestiges de l'apophonie dans un certain nombre de verbes isolés ; c'est la réduction de ces formes qui entraîne des fautes du type : *vous boivez, je mouve, je reçoiverai, tu écriveras, il acquiera*, etc.

Bref ces fautes correspondent à une des tendances les plus anciennes et les plus dynamiques de l'évolution et visent à alléger l'idiome d'une marque parasitaire qui constitue un accident dans son histoire.

3. Les temps. — Les passés simples constituent un système complexe et mal structuré (cf. mon *Ancien français* pp. 78-81).

Les changements de paradigmes sont très fréquents tout au cours de l'histoire (cf. *nous allimes, ils chantarent*, etc.) ; hésitations qui sont sans doute une des causes de la déchéance de ce temps. On ne s'étonnera donc pas de rencontrer en français populaire des fautes du type : *il s'enfuya, il conquérit, ils envahissèrent* et même, selon Bauche à qui nous empruntons ces exemples : *il finissa, il disa*.

La langue, qui comporte à l'origine huit types de parfaits (cf. *op. cit.*), tend à les ramener aux deux modèles fondamentaux, parfaits en *-a* du premier groupe *(il chanta)* et parfaits en *-i* du deuxième groupe *(il finit)*.

D'ailleurs, c'est le passé simple tout entier qui tend à disparaître de la langue parlée, avec cette réserve toutefois que l'on continue à l'entendre dans les récits et la relation d'un événement : « *alors nous courûmes jusqu'à la route*, etc. », rapporte tel illettré à la radio. Je ne suis pas sûr qu'il s'agisse toujours d'une réaction savante.

Le futur présente aussi l'opposition de formes en *-erai* et *-irai (chanterai, finirai)* et de formes en *-rai* (*prendrai, connaîtrai*, etc.). On ne sera pas étonné de voir ces dernières ramenées au type de base : *je confiserai, je couvrerai, je cuiserai, il éclosera, je joignerai, je mourirai*, etc.

Les formes du subjonctif tendent à se confondre avec celles de l'indicatif (au moins au présent). Non seulement on confond *je chante/que je chante* mais *j'ai/que j'aie, je crois/que je croie*, distinction que la prononciation a longtemps maintenue : *que j'aie* était prononcé *que j'ai-e* (avec un sourd) et dans la diction populaire *que j'aye* (avec un jod transitoire).

Or cette prononciation tend à se conserver et, bien plus, à s'étendre à des formes qui phonétiquement n'admettent pas ce développement ; ce qui atteste bien la résistance de ce mode (cf. *infra*, p. 37). C'est ainsi qu'on conjugue : *que j'aye, que tu ayes, qu'il aye ; que je soye, que tu soyes, qu'il soye ; que je croye*, etc. Le jod tend donc à se développer comme la marque du subjonctif et les spécialistes reconnaîtront ici une solution historique : *aille, puisse* et les archaïques *doigne* (donne), *preigne* (prenne), etc., sont autant de subjonctifs qui ont reçu un jod analogique.

III. — Le vocabulaire savant

Le français savant — celui des sciences et des lettres — est une langue spéciale.

Rameau fonctionnellement différencié de la langue héréditaire, il est, d'autre part, la greffe d'un idiome étranger (le latin). Or, dans la mesure où le français cultivé s'est alimenté et continue à s'alimenter aux différentes sources savantes, il est un hybride ; un mixte de deux systèmes linguistiques qui n'ont jamais été entièrement assimilés.

Ce qui fait que nous parlons deux langues en partie distinctes ; nous nous référons à deux séries de modèles et passons constamment de l'un à l'autre.

Ainsi *liseur* renvoie à *liseuse*, mais *lecteur* à *lectrice*. Cette pluristructure du français est si profonde que beaucoup de gens estiment, non sans quelque justification, qu'on ne peut pas parler correctement le français sans avoir fait du latin. C'est ce qui rend la pratique de notre langue, entre toutes, tributaire d'un long apprentissage scolaire.

Un mot comme *faiseuse* (d'anges) se rattache au modèle : *chanteuse, laveuse, travailleuse*, etc. ; alors que *facteur* (d'orgues) n'est renvoyé à *faire* que par la mince série *produit/producteur, conduit/conducteur, séduit/séducteur*...

Il en résulte qu'une énorme partie du vocabulaire cultivé reste en marge du système héréditaire dans lequel elle ne peut s'intégrer.

Le système savant qui pourrait la soutenir est d'autre part mal structuré, hétérogène et hétéroclite en raison de son origine et de son histoire.

Comment savoir, par exemple, que la *taxidermie* désigne « l'arrangement des peaux », plutôt qu'une taxe sur la peau ; et que d'autre part cet « arrangement » n'est qu'un simple empaillage. Devant de tels mots l'illettré est sans ressource. Il a alors trois solutions :

Ou bien il les ignore, la chose désignée étant étrangère à son expérience. Ou bien il les assimile en les refaisant sur un modèle connu : *le pédiatre* devient *un docteur d'enfants* ou *un enfantiste* (sur le modèle *dentiste, oculiste*). Ou bien il les déforme et *pédiatre* devient *pédate* ou *pédérastre*.

Le vocabulaire savant est ainsi travaillé par les différentes formes de l'analogie qui tendent à l'absorber, à le digérer.

La langue commune, nous l'avons dit, repose sur l'existence de deux systèmes parallèles mais hétérogènes et en partie autonomes : le français populaire et le français savant. Cette coexistence est possible, d'une part, du fait d'un long apprentissage ; d'autre part, et surtout, en raison de l'importance du fonds savant, constitué qu'il est de milliers de formes, intégrées dans leur propre système. Faute de ces deux conditions les mots savants ne pénètrent la langue populaire que par petits groupes isolés.

On ne peut plus parler alors de deux systèmes linguistiques concomitants mais d'une frange de formes parasitaires qui rongent les structures de l'idiome et qui, à ce titre, doivent être soit éliminées, soit assimilées.

L'une des conséquences de cette dualité est la formation de familles lexicales mixtes qui opposent formes savantes et populaires : *œillade/oculaire, vrai/vérité, conduire/conducteur,* etc.

La règle exige l'homogénéité des formes qui, populaires ou savantes, ne peuvent se combiner qu'avec des affixes correspondants. Règle qui rencontre quelques exceptions dans la langue commune, mais qui est constamment transgressée par le français populaire. C'est ainsi qu'on refait les radicaux de mots savants :

surdité > sourdité *amabilité > aimabilité*
expression > exprimation *pulmonique > poumonique*
utilitarisme > utilitairisme *ordonné > ordré*
etc.

Ces oppositions de thèmes à l'intérieur d'une même famille lexicale peuvent aussi prendre leur source dans l'évolution historique de l'idiome. Elles sont réduites selon la même formule : ainsi des mots comme *arrérage, historiette,* etc., peuvent être refaits en *arriérage, histoirette,* etc., sur leur radical *arrière, histoire.*

De même le préfixe amalgamé au radical par suite de la réduction historique des groupes de consonnes peut être remis en évidence dans : *in-recevable, in-négociable, in-mangeable, in-lassable* (ce dernier aujourd'hui admis par la norme).

Il arrive souvent que le mot populaire ne possède pas de dérivé correspondant ; ainsi à *voir* correspond *visible* qui est alors refait en *voyable* à partir de *voyant* sur le modèle *croyant/croyable,* etc.

Lorsque deux termes mal connus (savants ou étrangers) ont des formes voisines il arrive qu'ils soient confondus.

Il y a croisement morphologique lorsque la forme est altérée. Par exemple dans *pantomime/pantomine,*

le mot tombant dans l'attraction de *mine* avec la
vague idée que les *mimes* « font des mines ».

> *se venger + revanche = se revancher*
> *débordé + ordre = débordré*
> *fruste + rustre = frustre.*

La contamination peut affecter une locution
archaïque dont la syntaxe est mal comprise : *mal y
pense/mal en pense* (sous l'influence de en penser du
mal) :

> *male mort > mal de mort*
> *à cœur joie > à cœur de joie*

Les formes savantes et archaïques sont plus
particulièrement sujettes à ces accidents :

> *carbonate de soude > carbonade...*
> *filigrane > filigramme*
> *hermétique > hermétrique*
> *infectieux > infectueux*
> *bien découplé > bien découpé*
> *réticule > ridicule*
> *taie d'oreiller > tête d'oreiller*
> *caillot de sang > caillou de sang*
> *chercher noises > chercher des niaises*

On entend de même couramment :

Il s'en est emparé > il s'en est accaparé.
Agonir d'injures > agoniser d'injures.
Bayer aux corneilles > bâiller aux corneilles.
A la bonne franquette > à la bonne flanquette.
Un gradué de l'Université > un gradé de l'Université.
Une inclination de tête > une inclinaison de tête.
Un vêtement infesté de punaises > ... infecté de punaises.
Une belle denture > une belle dentition.
Cela ressortit à sa compétence > cela ressort de...
Il me rebat les oreilles > il me rabat les oreilles.
Il a recouvré la vue > il a retrouvé la vue.
Noir comme le jais > noir comme un geai.

Dans d'autres cas le mot conserve sa forme mais
c'est le sens qui est altéré. Voici une liste de ces

contaminations sémantiques d'après le *Dictionnaire des difficultés françaises* de Thomas :

> *Un magasin bien achalandé* = « bien approvisionné ».
> *La féodalité d'antan* = « de jadis ».
> *Une journée sans avatars* = « sans mésaventure ».
> *S'étendre compendieusement* = « longuement ».
> *Un vieillard ingambe* = « impotent ».
> *Des dépenses somptuaires* = « exagérées, de luxe ».

On pourra compléter cette liste par quelques exemples empruntés à Frei (*op. cit.*, pp. 44-45) :

> *Abstrus* = « obscur, alambiqué » (× abstrait).
> *Auspice* = « la paix se présente sous un *auspice* qu'on avait jamais vu » (× aspect).
> *Le chapeau en bataille* = « porté d'un air provocant ».
> *Avoir un air béat* = « bête, niais » (× bouche bée).
> *Controuver* = « inventer de toute pièce » (trouver × contre).
> *Hébéter* = « rendre bête ».
> *Malotru* = « maladroit ».
> *Minable* = « qui a mauvaise mine ».
> *Primordial* = « de première importance » (× de premier ordre).
> Etc.

Tous ces barbarismes, on le voit, ont pour fonction d'éliminer des formes mal intégrées dans le système héréditaire, en les rattachant analogiquement à des mots ou à des familles de mots connus qui les structurent et en soutiennent le sens (1).

Pour finir renvoyons au chapitre sur la prononciation (*infra*, p. 100), où le lecteur pourra voir comment les mots d'origine savante sont ramenés à une articulation conforme au système phonétique héréditaire (*obscur* > *oscur*, etc.).

---

(1) Signalons le récent et amusant *Dictionnaire des Pataquès* de Michel POLAC (Ed. du Seuil, Paris, 1964) où l'on verra, sur le vif, comment travaille la double causalité morphologique et sémantique.

Chapitre II

LES LOIS DU FRANÇAIS ET LA STRUCTURATION DU SYSTÈME HÉRÉDITAIRE

L'analogie telle qu'on vient de la décrire au précédent chapitre constitue une force passive et négative, dont l'action est de purger, d'émonder, en éliminant les branches mortes et les formes parasitaires que constituent les irrégularités et les marques non pertinentes.

Mais l'évolution prend aussi des formes positives et créatrices. Ainsi, au cours du passage du latin au français s'est créé un nouveau système de marques ; disparition des déclinaisons casuelles, nouvelles formes verbales (temps composés, conditionnel), nouvelles formes de comparatif, etc.

Or, bien que le français moderne soit une langue à peu près stabilisée, il ne l'est pas entièrement et son évolution se poursuit. Très lentement il est vrai pour le français cultivé désormais normalisé, fixé et étroitement contrôlé ; beaucoup plus activement, en revanche, pour le français populaire. Aussi un très grand nombre de fautes populaires ne sont-elles que le développement naturel de l'idiome ailleurs troublé par les impératifs d'une règle arbitraire.

La règle par exemple qui exige que l'adjectif s'accorde en genre et en nombre avec le substantif est, en grande partie, orthographique : dans *une rose rouge* et *des roses rouge(s)* ; *un piment rouge* et *des piments rouge(s)*, *rouge* n'est marqué ni en genre ni en nombre.

En fait l'accord de l'adjectif que l'on continue à faire dans *une rose blanche, des droits commerciaux* constitue l'exception et une irrégularité du nouveau système.

La *règle* — archaïque et conservatrice — n'est donc plus en accord avec la réalité ; elle est en contradiction avec *la loi*, la tendance naturelle, qui découle de la forme de la langue et de son fonctionnement. Or ce sont ces *lois* qui gouvernent le français populaire dans son ignorance de la règle. Aussi beaucoup de fautes contre la règle sont la conséquence d'une soumission à des lois naturelles qui à la longue finissent par triompher et par être acceptées par la norme. C'est dans ce sens qu'on a pu parler d'un français avancé ; la faute d'aujourd'hui annonçant la norme de demain, comme l'attestent de nombreux solécismes du passé qui sont désormais acceptés.

On notera aussi que ce français *avancé* est bien souvent un français archaïque dans la mesure où beaucoup de « fautes » incriminées par la norme actuelle correspondent à l'usage de grands écrivains du passé.

En fait, il n'y a pas de solution de continuité entre le français populaire et la langue commune à une époque où elle n'était pas encore soumise à la pression et à la répression de la norme livresque et scolaire. Mais voyons quelles sont les *lois* qui poussent le français *en avant*, tout au long de son histoire.

I. — Le genre du substantif

Il y a en français deux types de mots : les oxytons accentués sur la dernière syllabe (*grand, fauteuil, amour*, etc.) et les paroxytons accentués sur l'avant-dernière syllabe, la dernière étant un *e* sourd (*rose, chaise, fenêtre*, etc.).

Or, statistiquement et pour des raisons qui tiennent à l'origine et à l'évolution de l'idiome, la majeure partie des oxytons sont masculins et la majeure partie des paroxytons sont féminins.

D'où l'opposition entre rimes masculines et rimes féminines, distinction qui, on le sait, est indépendante du genre grammatical du mot et qui est basée sur l'existence du modèle oxyton/paroxyton = masculin/féminin. Ce modèle tend à assimiler tous les mots de genre douteux : *abîme, adage, aéroplane, agrume*, etc., sont du masculin précisent les grammaires, car les paroxytons masculins tendent à prendre le genre féminin. Cette tendance se généralise en français populaire, cependant qu'à l'inverse les oxytons féminins tendent à y devenir masculins. On trouve : *un auto, un dynamo, le paroi, le fin*... : « quand je serat remie *du toux* que je viens d'avoir » (Frei).

Quant aux paroxytons féminisés ils sont innombrables ; Frei cite : *une hyménée, une grosse incendie, la plus belle âge, une grosse orage, de la belle ouvrage, une grosse légume, décrire une ovale, une méchante libelle, une chrysanthème, une ulcère, une armistice, une hospice, une indice, une interstice, une narcisse, une orifice, une globule, une tentacule*, etc.

Un autre caractère de ces mots est que la plupart commencent par une voyelle. En l'absence d'explication de ce phénomène, j'en verrais volontiers l'origine dans une prononciation archaïque qui dénasalise l'article *un*, lorsque l'*u* se trouve placé entre deux voyelles, et donc devant un mot à initiale vocalique; d'où l'opposition *un lainage* (avec *u* nasalisé, œ̃) et *un orage* (avec *u* oral + *n*) prononcé comme *une orange*. Cette tendance à féminiser les mots à initiale vocalique peut même atteindre des paroxytons et on rencontre *une opéra, de la belle argent*.

D'autre part la féminisation des paroxytons s'est greffée sur l'évolution phonétique du français où il n'y a plus aujourd'hui de paroxytons en raison de la syncope de l'*e* caduc. L'opposition n'est plus entre oxytons et paroxytons (cf. ma *Syntaxe*) mais entre mots terminés par une voyelle et mots terminés par une consonne.

Parmi les premiers on trouvera des termes du type *cité, tableau*, etc. Ainsi que tous les mots dans lesquels la consonne finale s'est amuïe, du type : *enfant, magasin, portrait*, etc. Parmi les seconds, des termes du type : *hôtel, vis, enfer, ouver(t)*, etc., ainsi que tous les anciens proparoxytons qui continuent à faire sonner la consonne après la syncope de l'*e* muet : *légum', orag', ulcèr'*, etc. Il en résulte que les mots à finale consonantique (héritiers des paroxytons) tendent à prendre le genre féminin, cependant que les mots à finale vocalique tendent à prendre le masculin. Tendance renforcée par la forme de l'initiale, qui fait que tout mot commençant par une voyelle et terminé par une consonne est le plus souvent du féminin en français populaire où on dit : *l'air elle est fraîche, l'appel est faite*, etc.

Voici quelques mots de ce type relevés par Bauche : *air, alcool, appel, éther, éventail, héritage, hippodrome, hôtel, obstacle, obus* (prononcé obuss), *omnibus, ouvrage, ulcère, usage, ustensile*. On remarquera qu'il s'agit de termes d'usage courant, pour la plupart d'origine populaire, et dont le genre devrait être connu ; ce qui atteste bien l'existence d'une loi phono-morphologique et non une simple faute sur le genre d'un mot savant, inconnu.

On peut donc maintenant formuler la règle : en français populaire, tendent à prendre le genre féminin, d'une part les mots terminés par une consonne, d'autre part les mots commençant par une voyelle. Tendance renforcée par la combinaison de ces deux caractères.

Le genre de certains mots composés peut être aussi refait sur le genre de leur radical ; *interligne* est du masculin par suite d'une ellipse qui interprète le mot comme « *un* espace entre deux lignes ». Mais le français populaire dira volontiers : *une interligne, une entrecôte, une hémisphère*, sur le modèle de : *une ligne, une côte, une sphère*.

On relèvera, par ailleurs, que ces mots (cités d'après Frei) répondent tous trois à la double règle de l'initiale vocalique et finale consonantique.

II. — Les accords

Le problème des accords se pose en termes très différents selon qu'il s'agit de la langue écrite ou de la langue parlée (principalement en cause ici).

On sait que la plupart de nos accords orthographiques n'ont aucune base phonétique ; voyez *il chante/ils chantent, une rose rouge/des roses rouges*, etc. D'où l'arbitraire de nos règles d'accord, en particulier en ce qui concerne les participes ou l'emploi adverbial de certains adjectifs. On doit donc s'attendre à de nombreuses fautes dans ce domaine.

L'accord de l'adjectif épithète est en général bien observé. Bauche signale des fautes du type : *une femme maladif, une balle explosif* (« explosible »), mais il s'agit là de faits isolés. La création d'adjectifs du type *bizarde, bleuse, tied'* (cf. *supra*, p. 19) atteste que l'accord est toujours vivant.

Il en est tout autrement de l'attribut. La tendance à l'invariabilité de l'adjectif dans cette position est peu douteuse. Bauche en cite de nombreux exemples :

> *Ma femme est jaloux.*
> *Cette maladie-là, elle est trompeur.*
> *Elle est gras comme un cochon.*
> *Elle est devenu fou l'année dernière.*
> *Ma robe est tout neuf.*
> *Elle est bien trop vieux pour se marier.*

La présence d'un adverbe (*très, trop, un peu, comme tout,* etc.) semble renforcer cette tendance à l'invariabilité de l'attribut :

> *Elle est gros comme tout.*
> *Elle est très franc.*
> *Elle est tout petit.*
> *Elle est trop gros,* etc.

De même le participe passé attribut tend à l'invariabilité. C'est le cas en particulier avec les pronominaux et on dit :

> *Elle s'est mépris.*
> *Elle s'est plaint.*
> *Elle s'est enquis.*
> *Elle s'y est mal pris,* etc.

On rencontre parfois des accords abusifs du type : *je me suis faite un chapeau* ; mais ce sont là des faits isolés et qui représentent sans doute des hypercorrections. La tendance générale est bien à l'invariabilité du prédicat verbal ou nominal (1).

---

(1) Il est intéressant de comparer ce phénomène avec un autre très voisin qui est la réduction des déclinaisons dans l'ancienne langue.

On sait que le vieux français possède une déclinaison à deux cas (cas sujet et cas régime) ; l'épithète et l'attribut s'accordent en genre, en nombre (comme aujourd'hui) et en cas. Or lorsqu'on étudie la déchéance du cas sujet et sa disparition progressive il apparaît d'une façon nette que les premières « fautes » affectent l'attribut alors que l'accord (en cas) de l'épithète est beaucoup plus résistant.

Quant à l'accord du participe avec le complément d'objet du verbe *avoir*, c'est une des règles les plus arbitraires de notre grammaire (cf. ma *Stylistique*, p. 122 et sq.) et on ne s'étonnera pas de le voir ignoré :

La boîte qu'il a ouvert.
Les injures qu'on s'est dit.
Les conséquences qu'il a craint.
La lettre que j'ai écrit, etc.

sont conformes à la loi générale du français parlé qui va dans le sens de l'invariabilité.

Des fautes isolées du type : *je lui ai écrite une lettre* sont des hypercorrections.

Un autre accord est celui du verbe avec le sujet. Il est en général respecté ; mais on trouve cependant deux types de fautes caractéristiques : l'accord sémantique et l'accord séquentiel.

Le sujet étant normalement placé avant le verbe, l'accord séquentiel consiste à accorder le verbe avec l'objet antéposé. C'est d'ailleurs un tour qu'on ne rencontre guère que dans des formes écrites. En voici quelques exemples relevés par Frei dans des lettres :

Je vous assure que la mort de mon pauvre père les ont bien frappé.
Le besoin d'adoration des foules les rendent vite esclaves.
Les sentiments que nous inspirèrent la longue lutte dont nous sortons à peine.
C'est du reste à ses membres que reviennent la réussite de cette soirée.

L'accord sémantique consiste à mettre au pluriel le verbe d'un sujet grammaticalement singulier mais qui désigne un groupe de plusieurs personnes ou objets : *tout le monde, le reste, la plus grande partie*, etc. ; syllepse d'ailleurs normale dans une langue comme l'anglais.

> *Tout le monde s'en vont.*
> *Malheureusement elle était toute seule de ma famille, le reste sont en Belgique et en Hollande.*
> *Aucun de ses camarades ne l'ont vu.*
> *La foule qui remplit les rues observent un silence absolu.*
> *Plus d'un ministre n'ont pas caché l'impression produite.*

Une autre faute d'accord, fréquente, est celle de l'adverbe *le plus* :

> *C'est la blonde qui est la mieux.*
> *C'est eux qui sont venus les plus tôt.*

Il s'agit ici d'un décumul de l'adverbe *le plus* ; *le plus belle* > *la plus belle*.

III. — L'emploi des modes

Un problème d'accord très particulier est posé par le sujet de l'infinitif. On sait que les phrases du type : *je désire venir/je désire que tu viennes* exigent que le sujet de l'infinitif soit le même que celui de la principale du fait que le français n'a pas la possibilité d'introduire le sujet de l'infinitif dans la phrase sur le modèle de la proposition infinitive du latin.

Si le français admet des tours du type :

> *Je lui ai donné de l'argent pour acheter un costume.*
> *Le capitaine l'a choisi pour effectuer une reconnaissance*, etc.

c'est dans la mesure où le sens élimine toute possibilité d'équivoque.

Mais comment faut-il entendre :

> *Il lui a demandé de prendre un bain.*

Le français populaire tourne la difficulté en rappelant le sujet de l'infinitif sous forme d'un pronom ; il crée ainsi une véritable proposition infinitive (1).

Frei cite de nombreux exemples de ce tour,

---

(1) Des exemples d'un tel tour se rencontrent en ancien et moyen français : *L'y ay tant en devocion laissié, pour moy plus esjouir et luy de grace miex jouir.* Cf. Jean STEFANINI, *La voie pronominale en Ancien et en Moyen Français*, p. 256-260.

exemples tirés de lettres et qui semblent être beaucoup plus écrits qu'oraux :

> *Où trouver l'argent pour lui voyager ?*
> *Ci-joint un timbre pour vous avoir la bonté de répondre.*
> *Je me permée de vous écrire pour moi savoir la ville où il pourrait se trouver.*
> *J'ai écrie à mon cousin pour lui me donner la marche à suivre.*

Ce tour semble être localisé dans la France du Nord-Est, toutefois Bauche en donne des exemples parisiens :

> *Il m'a écrit pour moi venir.*
> *Il m'a toujours battue et c'était dur pour moi l'aimer.*

Le sujet de l'infinitif peut être aussi précisé par la forme pronominale du verbe :

> *Je l'ai fait s'enfuir.*
> *On les a fait s'asseoir.*

Un autre problème est posé par l'emploi du subjonctif. Il est inexact de dire que ce mode a disparu. L'imparfait, certes, en est à peu près complètement éteint, mais le présent est toujours vivant ; on continue à dire *je veux qu'il vienne*. Toutefois on ne le trouve plus guère que dans les propositions volitives et désidératives ; partout ailleurs il tend à être remplacé par l'indicatif : *c'est embêtant qu'il est pas là*. La plupart des conjonctions régissant le subjonctif : *bien que, pour que, avant que* sont généralement construites avec un indicatif :

> *Quoiqu'il est pas là.*
> *Sans qu'on sait pourquoi.*
> *Je vous remets son adresse afin que vous pourrez continuer vos recherches.*
> *Je vous demande son adresse pour que je peux lui écrire.*

On relèvera aussi l'emploi bien connu, et d'ailleurs général dans de nombreuses langues, des formes du conditionnel dans la subordonnée introduite par *si* : *si tu serais gentil tu viendrais me voir.*

IV. — Les formes composées

Le système verbal comporte des temps composés à partir des auxiliaires *être* et *avoir* : *j'ai chanté, je suis venu.*

On conjugue avec l'auxiliaire *avoir* tous les verbes transitifs et la plupart des verbes intransitifs : *il a parlé, j'ai connu*. On conjugue avec l'auxiliaire *être*, tous les verbes pronominaux et un petit nombre de verbes intransitifs : *il est allé, je suis venu*, etc. Statistiquement l'emploi de l'auxiliaire *avoir* est de loin le plus fréquent. D'autre part là où la règle impose *être* il n'est pas toujours facile de justifier sémantiquement cet emploi et de définir la différence entre *il est allé* et *il a couru* ; au point que l'usage hésite et admet : *j'y suis couru* (Racine, *Bérénice*). On ne s'étonnera donc pas si le populaire confond les deux formes et dise *je suis été, tu as venu, il a mouru*, etc. Avec toutefois une nette tendance à généraliser l'emploi d'*avoir*, en particulier avec les pronominaux (1) : *je m'ai trompé, il s'a cassé la gueule, je m'ai fait mal...* Ceci tend à la formation d'un passé composé unique, sur *avoir*, forme, comme on l'a dit, la plus fréquente.

Mais une seconde tendance se fait jour parallèlement. Elle est en germe dans la langue qui avec certains verbes intransitifs emploie *avoir* et *être* dans une opposition sémantique. Avec des verbes du type *baisser, changer, divorcer*, etc., *avoir* exprime une action qui s'est passée à l'époque dont on parle (un ponctuel du passé), *être*, l'état résultant de l'action antérieurement accomplie (un perfectum du présent) : *il a divorcé/il est divorcé*. Ainsi on distingue : *j'ai passé par là hier, je suis déjà passé par*

---

(1) Pour les nombreux exemples historiques de cette construction en anc. fr. Cf. J. STEFANINI, *op. cit.*, p. 304.

là, etc. Cette distinction tend à faire revivre une opposition d'aspect très importante et qui s'est dégradée en français (cf. ma *Syntaxe*, pp. 39-43). Or il semble bien que le français populaire soit sensible à cette opposition. En effet, en même temps qu'il généralise l'emploi d'*avoir* dans le passé composé, il oppose à ce passé défini un perfectum du présent : *il a mouru/il est mort* ; *il a sorti/il est sorti* ; *il a revenu/il est revenu,* etc.

C'est là une distinction originale et utile, qui pallie une des carences du français, dans lequel le passé composé du type *il est sorti* doit assumer la double fonction de présent ou de passé ;

Une autre carence du français résulte de l'élimination du passé simple par le passé composé. A l'origine le passé simple est un passé indéfini ou non déterminé et le passé composé un passé défini ou déterminé. La disparition du passé simple a entraîné la perte de cette opposition ; la langue populaire lui substitue un passé antérieur surcomposé, employé absolument, alors que ce temps est toujours subordonné en français littéraire.

Une expression du type *j'ai eu vendu des cartes à cinq sous la douzaine* signifie : « il m'est arrivé, autrefois, à une certaine époque non déterminée, de vendre des cartes... ». Il s'agit donc d'un passé indéfini s'opposant au passé défini *j'ai vendu mes cartes cinq sous* qui signifie « j'ai vendu cinq sous les cartes que tu sais, dans les circonstances que tu connais... ».

Frei donne plusieurs exemples de cette forme :

J'en ai eu acheté des fois du fromage...
J'ai eu fait mon service avec des types...
Il a eu coupé, ce couteau...
J'ai eu fini de bonne heure aujourd'hui.
Je me suis eu déplacé des fois...

On remarquera que l'indétermination est souvent

marquée par des adverbes du type : *des fois, dans le temps*, etc.

Un autre problème est posé par la forme des pronominaux. On sait qu'ils se divisent en deux groupes réfléchis et non réfléchis.

Dans le premier le pronom a une valeur sémantique : *je me lave* (réfléchi), *ils se battent* (réciproque), et son emploi ne donne lieu à aucune hésitation.

Il n'en est pas de même dans les seconds : *s'enfuir, s'apercevoir*, dans lesquels le pronom incorporé au verbe a une valeur aspectuelle, souvent assez vague. Il en résulte que le pronom tend à s'amalgamer ; *s'enfuir* est senti comme *senfuir* et on conjugue *je senfuis*. Voici quelques exemples de ce phénomène, relevés par Frei :

Nous s'en foutons ; nous s'en allons ; nous se reverrons ; nous savons fait exploiter ; vous s'en foutez ; vous se feriez mal ; veuillez monsieur nous faire le plaisir de s'en occuper, etc.

On remarquera que tous ces exemples renvoient à un sujet au pluriel *(nous, vous)*, mais le singulier, bien que plus rare, se rencontre aussi : *je s'ai trompé, tu s'en vas, je se fous de tout*, etc.

V. — Les pronoms

Les mots grammaticaux, articles, pronoms, adjectifs pronominaux sont l'objet de développements morphologiques et surtout phonétiques particuliers.

On sait que l'emploi du pronom sujet avait une valeur sémantique dans l'ancienne langue où la personne est marquée par la désinence verbale ; c'est la déchéance des consonnes finales qui a entraîné l'emploi obligatoire du pronom. Cependant on continue à dire *mon frère chante* (sans pronom sujet) ; le français populaire, en revanche, dira volontiers *mon frère il chante* et même *ma sœur il chante* ; c'est que le pronom est devenu un morphème amalgamé au radical, et on conjugue : *je chante, tu chantes, il chante*.

Toutefois ce nouveau système présente des redondances avec les formes *nous chantons, vous chantez* dans lesquelles la personne est marquée deux fois, par le pronom et par la désinence toujours vivante. C'est ce qui explique l'apparition du tour *on chante* (nous chantons). Si le lecteur veut bien tendre l'oreille il verra que cette forme est en pleine expansion.

Un autre problème est posé par les formes accentuées du pronom. On conjugue *moi, je...* ; *toi, tu...* ; *lui, il...* ; mais *nous, nous..., vous, vous...*, les hasards de l'évolution phonétique n'ayant réalisé qu'incomplètement l'opposition pronom accentué/pronom atone. Or l'équilibre est restauré par l'emploi du pronom *autre* et on conjugue :

<pre>
moi, je...   nous aut', on...
toi, tu...   vous aut', vous...
lui, il...   eux aut', ils...
</pre>

C'est là, à mon avis, l'origine de cette forme curieuse si souvent relevée mais qui n'a jamais été expliquée d'une façon satisfaisante.

Les formes atones du pronom sont très fragiles du point de vue phonétique et sont l'objet de nombreuses variantes. Les pronoms personnels sont particulièrement vulnérables et cela d'autant qu'ils forment un ensemble complexe dans lequel survivent les derniers vestiges des anciennes déclinaisons. Le système comporte un cas sujet, un régime direct, un régime indirect avec des formes fortes et des alternances de genre :

Il, le, lui, à lui/elle, la, lui, à elle.
Il(s), les, leur, à eux/elle(s), les, leur, à elles.

L'évolution va dans le sens d'une réduction de ce système ; mais le procès entraîne par réaction, un grand nombre de confusions (cf. la réduction des relatifs, *infra*, p. 44).

Tu s'affaiblit en *t* : *t'as vu ça*.

Il passe à *l'* devant une voyelle et à *i* devant une consonne ; *l'est pas venu, i viendra pas* :

Il y a > *i y a* > *y a* : *y a pas à dire*.

Voici d'après Bauche les différentes formes de *lui* : *lui, i, y, iy, uiy, uiziy, luiz, luiziy*.

Je lui dirai > *j'i dirai*.

Dans un groupe du type : *elle lui a mis un marron*, l'hiatus peut être réduit de deux façons ; soit par contraction : *el' y a mis un marron* ; soit par développement d'une consonne transitoire : *elle lui z a mis un marron*.

Non moins curieuse est l'évolution de *leur*. Le mot qui est sémantiquement un pluriel prend le plus souvent un *z* de liaison : *je leur z ai dit*. Mais on rencontre aussi des formes *iz* (analogues de *lui* > *i* ?) ; *j'iz ai dit* (je leur ai dit). Les deux types peuvent se combiner tautologiquement sous la forme : *je leur zi ai dit, donne zi leur*.

La règle veut qu'après le verbe le pronom personnel accentué vienne à la fin du syntagme et qu'on dise : *donne-le moi, donne le leur*, etc. Or cette construction, imposée par le rythme phonétique, inverse la séquence ordinaire qui place le pronom personnel directement au contact du verbe : *donne moi ce livre, donne leur cette pomme*. C'est cette séquence que le français populaire rétablit en plaçant un *le, la* accentué en fin du syntagme : *donne moi le ; donne leur la, rends lui le*.

Quand les pronoms précèdent le verbe la norme est incohérente puisqu'elle oppose *je te le donne, tu me le donnes*, mais *je le leur donne, je le lui donne*.

Le français populaire rétablit la séquence normale

en disant : *je lui zi donne, je leur zi donne* ; où *zi* apparaît comme une forme de *le* (pronom neutre) ; d'où *donne lui zi, rends leur zi.*

Le développement du démonstratif est aussi très intéressant. On sait qu'il s'agit d'un déictique (forme servant à montrer) opposant l'éloignement et la proximité ; *celui-là/celui-ci ; cela/ceci.* Or en français populaire les formes en *-ci* disparaissent. On dira : *elle est bonne celle-là ; qu'est-ce qu'i veut çui-là ?, ça gaze,* etc. Il en résulte que lorsqu'on a besoin d'exprimer la valeur déictique on renforce le pronom (ou l'adjectif) d'un adverbe et on dit : *çui la-ici/çui-là-bas ; les ceus d'par ici,* etc. Cette dégradation de l'opposition déictique et sa restauration au moyen d'une nouvelle particule adverbiale, correspondent, encore une fois, à l'évolution historique de notre démonstratif (cf. mon *Moyen français,* p. 36).

L'emploi de l'article tend de même à se généraliser. On sait que c'est une des tendances du français que la disparition progressive du nom à déterminant zéro au profit de formes marquées de l'article. Or, le français généralise cet emploi de l'article comme simple spécificateur de la catégorie de substantif. Il l'emploie :

— avec les noms propres : *la Marie, le Jean* ;
— avec des adverbes nominalisés : *la Noël, le midi* ;
— avec des pronoms : *les ceux, la celle.*

Il dit évidemment : *du bon vin* et remplace des tours à article zéro comme *avoir peur, faim,* etc., par *avoir la frousse, la fringale,* etc. Des formes du type : *la maison ici* (cette maison), *le chapeau à moi* (mon chapeau), encore que particulièrement dégénérées et sans doute rares, sont très caractéristiques ; elles montrent que l'article est inhérent au nom.

VI. — Le décumul du relatif

Le système du relatif français est très complexe ; comme celui du pronom personnel il a retenu des oppositions casuelles, vestige des anciennes déclinaisons. Il oppose le sujet *qui* à l'objet direct *que* et à la forme indirecte *à qui, pour qui* ; il possède des formes secondaires *dont, où* et un neutre *que, quoi*.

Cette hétérogénéité a entraîné la création d'une série parallèle *lequel, duquel, auquel*, etc., qui vient encore compliquer la situation.

Comme pour le pronom personnel (cf. *supra*, p. 41), le français populaire tend à réduire ce système à une forme unique *(que)* soustraite aux alternances morphologiques de la flexion casuelle.

D'autre part le relatif français a cet autre caractère d'être un signe synthétique qui cumule dans une même forme plusieurs morphèmes et plusieurs fonctions.

Or le français est une langue analytique sortie de la langue synthétique qu'est le latin. Toute l'histoire de l'idiome atteste le décumul des formes synthétiques. Il se poursuit dans le français populaire qui décumule les comparatifs : *plus bon, plus pire*, ou les formes contractées de l'article : *donne le à les types*, etc.

La synthèse du relatif consiste dans la combinaison d'un élément de relation (la conjonction *que*) et d'un pronom. Or le français populaire tend à faire éclater le signe pour en isoler les deux éléments ; ce qui, en outre, structure le système sur un corrélatif unique, la conjonction *que*.

Le pronom sujet *qui* peut être réduit à *que* :

Dimanche que vient je lui écrit ma carte.
Notre beau-père que j'espère se porte bien.
Je vous écrit une lettre que je pense vous fera plaisir.

Toutefois cette faute assez rare semble liée à l'incise *(je pense, j'espère)* qui isole le pronom de la proposition subordonnée.

Bien plus fréquent en revanche, est le décumul du pronom sujet :

C'est moi que je... ; *C'est nous qu'on...* ; *Qu'est-ce qu'il arrive ? Elle est là qu'elle attend* ; *Je viens aujourd'hui te donner de nos nouvelles qu'elles sont très bonnes* ; *Ce sont sans doute les Allemands qu'ils l'ont fait,* etc.

Lorsque le relatif est un neutre : *chose qui, ce qui,* il peut souvent dégager par décumul le pronom *ça* :

Vous me demandez ce que ça me ferait plaisir.
Chose que ça me fait bien mal au cœur.

Une autre faute courante, mais dans une perspective très différente, est l'accord du verbe subordonné à la troisième personne :

C'est moi qui a... ; *C'est vous qui vient* (et parfois : *C'est vous qui viennent*) ; *C'est eux qui est les riches,* etc.
Des fois la guerre y a du bon : au lieu qu'c'est nos hommes qui boit, c'est nous qui s'soûle, a st'heure (cité par Bauche).

L'objet direct *que* est en général bien employé ; en effet la tournure régulière, *l'homme que j'ai vu,* est normalement marquée du corrélatif *que* et n'entraîne donc aucun changement.

Toutefois il n'est pas rare de rencontrer, dans ce cas, un décumul du pronom : *l'homme que je l'ai vu ; ceux que le malheur des autres les amuse...*

L'objet indirect *à qui, auquel, pour qui* donne lieu à deux traitements. Il peut y avoir décumul du pronom au régime indirect : *l'homme que je lui ai dit* (à qui) ; *il y en a que leur femme leur écrive* (à qui). Mais le plus souvent *que* est construit en régime direct sans dégagement du pronom :

L'homme que je pense (auquel). *Il y a une chose qu'il faut faire attention* (à laquelle). *Tu trouves drôle que ma fille touche l'argent qu'elle a droit* (auquel). *C'est ça qu'il faut faire attention* (à quoi).

Lorsque le relatif est un circonstanciel, la situation devient plus complexe, d'autant plus qu'on se heurte aux formes aberrantes *dont*, *où*. La solution radicale et la plus simple consiste à ramener le pronom à *que* en éliminant la préposition et son régime :

Tu m'as envoyé le colis que tu me parlais (dont).
Elle s'est marié le jour que la guerre est déclarée (où).
Mon mari que je suis toujours sans nouvelles (dont).

Mais il peut y avoir aussi décumul du pronom :

Une chose que tu peux en être fier (dont).
La femme qu'il lui causait (à qui).
Mon mari que je suis sans nouvelles de lui (dont).

Le décumul peut aussi s'opérer au moyen de l'adjectif possessif :

Un sergent que voici son nom (dont voici le).
Je souhaite que cette lettre que je voudrais être à sa place vous trouve tous de même.

Lorsque le relatif complément circonstanciel est introduit par une préposition, cette dernière est généralement rejetée après le verbe, comme une sorte d'adverbe :

La pièce qu'il est rentré dedans (dans laquelle).
Un pot qu'il y a quelque chose d'écrit dessus (sur lequel).
L'homme qu'il est venu avec (avec lequel).

Tous ces exemples, remarquablement cohérents, permettent de saisir le sens de l'évolution : d'une part, décumul de la forme synthétique, qui permet de rejeter le pronom, et s'il y a lieu la préposition, à sa place normale dans la subordonnée ; d'autre part, réduction d'un ensemble de marques hétérogènes et mal structurées à un corrélatif unique, la conjonction *que*.

Cette tendance toutefois peut être troublée par des

phénomènes d'hypercorrection et on rencontrera à l'occasion *qui* à la place de *que* :

> *Cher disparu qui depuis le 7 août nous sommes sans nouvelles.*

Mais c'est surtout *dont* qui se substitue abusivement aux formes régulières :

> *Dites moi le sort dont il a pu subir* (que).
> *La bataille de Chicourt en Alsace dont il a été blessé* (où, au cours de laquelle).
> *Tu voudras bien me remplacer auprès des frangins dont tu me donneras de mes nouvelles* (auxquels).

Dont peut aussi dégager un pronom personnel :

> *Mon cher Emile dont je suis sans nouvelles de lui...* (sans de ses nouvelles).

Et on n'oubliera pas le vaudevillesque *dont auquel*, locution du « style noble » dans la bouche du gendarme dressant solennellement son procès-verbal : *L'individu dont auquel j'ai l'honneur de vous causer ;* pléonasme où l'accumulation superfétatoire de deux formes hypercorrectes est doublement « distinguée ».

VII. — L'interrogation

Outre l'interrogation prosodique basée sur le ton : *Tu viens ? Alors on arrive ?*, etc., la langue possède deux formes interrogatives concurrentes : *vient-il ?* et *est-ce qu'il vient ?*

La première constitue la forme héréditaire par inversion du sujet. La seconde est, étymologiquement, une mise en relief de l'interrogation : *travailles-tu ?* > *est-ce que tu travailles ?*

En fait le signe est en train de perdre cette valeur emphatique pour assumer la fonction d'interrogation simple, concurrente de l'inversion et sans doute en voie de l'éliminer.

Deux causes favorisent cette substitution ; d'une

part le goût de la langue parlée pour les tours intensifs, dont l'abus même entraîne la dégradation ; d'autre part la répugnance du français pour une construction régressive qui rejette le sujet après le verbe et place en fin de syntagme un pronom atone ; si en effet on entend normalement *vient-il ?*, *chante-t-elle ?* on dit toujours, désormais, *est-ce que je viens ?* (et non *viens-je ?*) ; *est-ce que je chante ?* (et non *chanté-je ?*) (cf. ma *Stylistique*, pp. 90-91).

Le français populaire a tourné cette difficulté par la création d'une particule interrogative *-ti ?* A partir de *Durand vient-il ? chante-t-il ?* (prononcés *ti*) il a créé *-ti* : *elle vient-ti ?* et *je viens-ti, tu viens-ti,* etc.

Cette construction a l'avantage de conserver la séquence progressive normale (sujet avant le verbe), de placer un morphème accentué à la fin du syntagme, de réaliser un système d'oppositions simple et homogène entre les formes positives, interrogatives et négatives : *zéro/ti/pas* : *tu viens/ tu viens-ti/tu viens pas.*

Sur le même modèle la particule de mise en relief *est-ce que* devient *c'est-ti que...*

Il peut y avoir des croisements entre les deux types et des hypercorrections, particulièrement nombreuses dans l'emploi des interrogatifs *qui, que, quand, comment, combien, où*.

On rencontre : *Qui vient-ti ? Combien ça coûte-ti ? Qui c'est-ti qui vient ? Combien c'est-ti que ça coûte ? Qu'est-ce que c'est-ti que ? Quoi c'est-ti que...* La lourdeur de ces formes, combinée avec le relâchement de l'articulation (cf. *infra*, p. 95), entraîne des crases et des syncopes : *Qui est-ce qui, qui c'est-ti qui/qui qui, quoi c'est-ti que/quoi que, où c'est-ti que/oùs'que, où que.*

Ces syncopes sont d'autre part accélérées par la

formation d'un corrélatif générique *que* (cf. *infra*, p. 72). Au tour : *il est arrivé quand que vous étiez parti* correspond l'interrogation :

> *Quand que tu viens ?*
> *Comment que tu vas ?*
> *Où que tu habites ?*
> *Quoi que tu dis ?*
> *Lequel que vous voulez ?*

Une autre solution consiste à rejeter l'interrogatif après le verbe :

> *Tu viens quand ?*
> *Il s'appelle comment ?*
> *On est le combien ?*
> *Elle habite où ?*

Ce tour a l'avantage de conserver la séquence verbe, sujet, complément : *Elle habite à Paris/elle habite où ?*, etc., et de placer l'adverbe accentué après le verbe sur le modèle : *tu viens-ti ? tu viens quand ?*, etc.

Dégagée de ses hésitations, de ses hypercorrections, de ses formes parasitaires, l'interrogation populaire constitue donc un système très simple : *tu viens-ti/ tu viens quand/tu fais quoi...*

Ce système forme une classe d'adverbes d'interrogation *quand, comment, où, quoi*, etc., avec un générique *ti*, vide de tout contenu sémantique ; tous sont uniformément placés après le verbe et porteurs de l'accent mélodique d'interrogation.

A ces formes simples correspond la série des emphatiques : *est-ce que* > *c'est-ti que* :

> *C'est-ti moi que je...*
> *C'est-ti toi que tu...*
> *C'est-ti lui qu'il...*, etc.
> *Quand c'est-ti que... (quand que).*
> *Où c'est-ti que... (oùs'que, où que).*
> *Qui c'est-ti que... (qui qui).*
> Etc.

Ce système est certainement une solution heureuse à la crise de l'interrogation qui, liée à l'inversion du pronom sujet, est peu conforme aux tendances de l'idiome.

Il n'est pas question de justifier ici toutes les créations du français populaire : les *dont auquel*, les *je s'ai trompé*, les *qui que c'est*, etc. Mais on observera que les plus grossiers et les plus choquants parmi ces barbarismes sont en fait des hypercorrections nées de la pression de l'usage savant mal compris et mal assimilé.

Pour le reste, la plupart des faits examinés au cours du présent chapitre sont des développements naturels, logiques et cohérents des grandes tendances qui orientent l'évolution héréditaire de l'idiome. En particulier, l'élimination des derniers vestiges de la séquence régressive, des déclinaisons et des formes synthétiques, propres au latin (cf. ma *Syntaxe*).

Chapitre III

NORME ET SYSTÈME

L'opposition entre *loi* et *règle* correspond à la distinction entre le *système* et la *norme*, telle que l'a décrite Eugen Coseriu (in *Sistema, Norma y habla*, Montevideo, 1952).

« La *norme*, dit Coseriu, comprend tout ce qui, dans la technique du discours, n'est pas nécessairement fonctionnel (distinctif), mais ce qui est tout de même traditionnellement (socialement) fixé, qui est usage commun et courant de la communauté linguistique. Le *système*, par contre, comprend tout ce qui est objectivement fonctionnel (distinctif). La norme correspond à peu près à la langue en tant qu' « institution sociale », le système est la langue en tant qu'ensemble de fonctions distinctives (structures oppositionnelles). Comme corollaire, la norme est un ensemble formalisé de réalisations traditionnelles ; elle comprend ce qui « existe » déjà, ce qui se trouve réalisé dans la tradition linguistique ; le système, par contre, est un ensemble de possibilités de réalisations, il comprend aussi ce qui n'a pas été réalisé mais qui est virtuellement existant, ce qui est « possible », c'est-à-dire, ce qui peut être créé selon les règles fonctionnelles de la langue... Il y a des langues où l'on constate une « dominance » du système (turc, hongrois) et d'autres où il y a dominance de la norme ; ainsi, par ex., les langues romanes, et tout particulièrement le français où la norme est souvent impérative et où l'on ne crée pas à chaque instant ce qui serait possible dans le système. »

A cette analyse, si parfaitement conforme aux vues qui dominent le présent ouvrage, je voudrais ajouter une précision.

La « normalisation » de l'idiome est un fait de culture et la « dominance de la norme » est un caractère commun à toutes les langues cultivées par opposition à leur contrepartie populaire.

Ceci dit, le français, entre toutes les langues, se caractérise bien par une sorte d'hypertrophie de la conscience grammaticale ; par une véritable hypostase de la norme d'où résulte le maximum d'écart entre la langue cultivée et la parlure vulgaire.

Or c'est dans ces « fautes » — multipliées par la rigueur et la tyrannie de la norme — que résident l'originalité et la vigueur de l'idiome.

La langue constitue un système (phonologique, lexical, grammatical), système qui définit la fonction des mots, des constructions et leurs limites d'emplois. Ainsi l'existence d'une série de substantifs en -*age*, formés à partir d'un radical verbal pour désigner l'action, permet de former des mots : *carrelage, rempaillage*, etc., à partir des verbes *carreler, rempailler*. Mais le système ne fonctionne pas avec une entière liberté ; on dira par exemple que *l'affichage est interdit* mais qu'*il est interdit de fumer*.

Considérons, à titre d'exemple, la série : *il est interdit de stationner ; d'ouvrir la portière ; de manifester dans la rue ; de fumer ; d'afficher ; de se bai-*

gner ; *de jeter des pierres* ; *de mendier* ; *de cracher* ; *de mentir* ; *de résister* ; etc.

Essayons maintenant de normaliser le tour sous la forme : *stationnement interdit*. Une langue comme l'anglais possède un morphème unique permettant de transformer n'importe quel verbe en substantif ; et sur le modèle : *it's prohibited to smoke* > *smoking prohibited*, il construira : *swimming, begging, spitting, opening*, etc., *prohibited*.

Le français en revanche doit dire : *stationnement* ; *manifestation* ; *affichage* ; *mendicité* ; *mensonge* ; *réunion* ; *jet de pierres* ; *baignade* ; *plaisanterie* ; *ouverture des portières* ; *toute résistance*... (*interdit*).

Et que faire de *fumer*, *cracher* pour lesquels il n'existe pas de substantif correspondant ; *crachement* a un sens spécial et l'ancien déverbal *le fum* (cf. *parfum*) n'est plus en usage.

La comparaison entre l'anglais et le français montre que le premier a une forme unique : radical verbal + suffixe *-ing* pour exprimer le rapport verbe/action verbale. Le second, lui, exige pour chaque verbe un type de dérivation spécifique : l'origine populaire ou savante, le type de conjugaison (1er, 2e ou 3e groupe), le régime transitif ou intransitif, etc., déterminent la forme du substantif ; la survivance de formes anciennes lexicalisées (*mensonge, jet*, etc.) fait d'autre part obstacle au libre jeu de la dérivation.

Le français populaire, en revanche, dira facilement *le stationnage, le jetage, le mendiage*, etc., ignorant la norme qui a figé et imposé *mendicité* parce que tel est l'usage, selon lequel, à un certain moment de l'histoire et pour des raisons complexes et qu'il faudrait dans chaque cas déterminer, la bourgeoisie parisienne a choisi cette forme entre tous les autres mots possibles. Forme qui a été stabilisée et imposée par les grammairiens justement soucieux de soustraire la langue aux aléas et variations des parlures sociales et des usances dialectales.

Certes rien n'est plus légitime que cette normalisation de l'idiome. Elle entend protéger le capital linguistique contre des dégradations qui le mutilent et l'appauvrissent.

C'est ainsi qu'elle imposera : *ils sont convenus* au sens de « ils sont tombés d'accord », le verbe *être* entrant ici dans une opposition utile avec le verbe *avoir* : *ces accords nous ont convenu* au sens de « nous ont agréé ».

D'origine savante et contrôlée par les grammairiens, la norme bourgeoise d'autre part maintient une conscience vigilante de l'étymologie et de la grammaire : on ne doit pas dire *dans le but* parce que l'on n'est pas « à l'intérieur d'un but » ; on ne doit pas dire *s'avérer faux* parce que *avérer* signifie à l'origine « apparaître comme vrai », etc.

Mais la grammaire normative entre en conflit avec une des lois essentielles et universelles du langage, qui tend à une dégradation progressive et à un obscurcissement du sens étymologique pour rendre le mot, ainsi allégé, à la liberté du système.

Examinons le cas de *s'avérer* :

L'ancien verbe *avérer* (conjugué *j'avoire/nous averons*) est un dérivé de l'adjectif *voir*, « vrai » et signifie « faire apparaître comme vrai », sens qui est soutenu par la relation entre le verbe et l'adjectif. Avec la disparition de ce dernier, tombé en désuétude au cours du xvie siècle, le verbe perd ses racines ; une expression du type *il fut avéré, il s'avéra que son frère était mort* signifie *il apparut comme vrai que son frère était mort*. Mais le mot tend à perdre un de ses traits sémantiques : *il apparaît comme vrai que* > *il apparaît que* ; et à partir de ce moment rien ne s'oppose plus à l'apparition de tours du type : *l'histoire s'avéra exacte* et *s'avéra fausse*.

Rien de plus naturel que ce développement aux yeux du linguiste qui le justifiera facilement par mille exemples, mais auquel le grammairien opposera l'étymologie et la conscience tout artificielle et érudite qu'il en a ; et il renvoie *avérer* à l'antique adjectif *voir*, bien que celui-ci n'ait plus aucune fonction ni aucune place dans le système.

C'est ce même sentiment de l'étymologie qui refuse le tour *avoir très faim*, considérant que le mot *faim* est un « substantif » qui, à ce titre, ne saurait accepter un déterminant adverbial ; il faut donc dire *avoir grand'faim*, une *grande faim*...

Mais la langue populaire voit dans *avoir faim*, un verbe : *j'ai faim = je suis affamé*, ce qui justifie analogiquement le déterminant *j'ai très faim*.

Cette interprétation spontanée est facilement ratifiée par le linguiste qui analyse *avoir faim* comme un fait de transposition grammaticale dans lequel le « substantif » devient un prédicat verbal dans lequel les morphèmes (ou marques) de la verbalisation sont portés par l'auxiliaire *avoir*.

Le grammairien, en revanche, postule l'autonomie des catégories grammaticales ; *faim*, pour lui, demeure un substantif dont on doit respecter le statut étymologique.

Notre grammaire tend à réduire la langue à une essence en conférant au « substantif », au « verbe », etc., un caractère absolu.

Le vulgaire — dans son ignorance — retrouve cette vérité linguistique fondamentale, que les catégories du discours n'ont d'autre existence que dans le discours. Est substantif ou verbe ce qui est désigné comme tel par des *marques* qui ne peuvent se manifester que dans le discours.

Il n'est pas question ici de mettre en cause la normalisation de l'idiome ; elle remplit une fonction politique dans la mesure où elle concourt à l'intégration des divergences nationales et sociales ; elle répond d'autre part à ce souci de logique, de précision et de clarté qui est un des traits les plus positifs de notre culture.

Il n'en reste pas moins qu'elle tend à hypostasier le rôle de la conscience étymologique et grammaticale en lui conférant des pouvoirs souvent abusifs et que le linguiste est en droit de contester au grammairien.

En rendant la langue à la parole, le populaire libère des sources de création et de renouvellement qui sont, ailleurs, trop étroitement et trop arbitrairement canalisées.

I. — La transposition des catégories grammaticales

La transposition est la figure qui permet à un mot de changer de catégorie grammaticale (cf. ma *Syntaxe*, pp. 69-75). Ainsi un adjectif peut être employé comme substantif : *le bleu du ciel*... Le substantif peut être employé comme adjectif : *un visage bête*, etc. On dit de même *la pêche, un va-et-vient, l'endemain* > *le lendemain, hors les murs*, etc.

Le français connaît tous les types de transposition, mais — et c'est là un de ses traits les plus caractéristiques — il en use très sobrement et sous formes figées et normalisées.

La langue populaire, en revanche, multiplie ce genre de formations. Elle dit *il est désordre, chagrin, colère*, etc. Et même : *je suis enthousiasme, asthme, tuberculose*, etc.

Le radical verbal peut aussi faire fonction d'adjectif et se substituer à un participe passé dans : *je*

suis tout trempé, il a les yeux gonflés, et de même :
toc, chic, enfle, use, pique, etc.

Un des modes de formation lexicale les plus fréquents en langage populaire est celui qui consiste à tirer un verbe d'un substantif. Là encore nous avons affaire à un procédé parfaitement normal et dont le français commun présente des centaines d'exemples du type : *beurre > beurrer ; lime > limer ; bave > baver*, etc.

Mais, comme je l'ai montré (1), ce type correspond en français à des conditions de sens et de forme très précises. On tire un verbe d'un mot qui indique que le sujet est l'auteur d'une production naturelle (*saigner, baver, écumer, enfanter*, etc.) ou d'une production artificielle, soit au moyen d'un instrument (*limer, sabrer*), soit au moyen d'un produit (*beurrer, saler, plâtrer, ferrer*).

Nous exigeons donc que la relation formelle substantif/verbe corresponde à une relation sémantique précise produit ou instrument/action. Le français populaire est infiniment plus souple et plus libre et il fabrique d'innombrables verbes dans lesquels cette relation entre la forme et le sens cesse d'être exigée. Ainsi le français cultivé refuse de former directement un verbe sur un substantif désignant une partie du corps, alors que le français populaire dit très bien : *gueuler, zieuter, blairer (blair = nez), lipper (lippe = lèvres)*.

Le français forme des verbes à l'aide de *faire* : *faire route, faire une chute, faire la noce*, etc. Il peut employer aussi toute une série d'auxiliaires spécifiques : *commettre une agression, donner une audition, produire un court-circuit*, etc.

---

(1) Cf. mon article sur le champ morpho-sémantique de la dérivation pseudo-suffixale, *Bull. Soc. Ling. de Paris*, 1961.

Dans tous les cas le français populaire forge directement un verbe sur la racine nominale : *chuter, nocer, auditionner, court-circuiter, catastropher*, etc. Il use librement d'un mode de création offert par le système et lui donne son maximum d'extension alors que la norme ne l'accepte que dans des limites de forme et de sens étroitement définies.

La plupart de ces formations sont d'origine populaire et la langue commune ne les admet que petit à petit ; ainsi des mots comme *chuter, auditionner* sont désormais à la limite de la norme. C'est dans ce sens qu'on peut dire que le français populaire constitue un « français avancé », dont les « fautes » sont dans bien des cas destinées à devenir la règle de demain.

Voici quelques exemples :

Avoir l'intention = *intentionner.*
Subir un attentat = *être attenté.*
Etre candidat = *candider.*
Faire un rapport = *rapporter.*

Et de même *enquêter, insupporter, récalcitrer, visiter, discourir*, etc.

Je saurais me reconnaître de ce bienfait (être reconnaissant).
Nous nous congédiâmes de l'évêque (prîmes congé).

Une des formes les plus fréquentes de la transposition populaire est l'interchangeabilité des prépositions et des adverbes de lieu.

A vrai dire la limite formelle qui sépare préposition et adverbe de lieu est très vague. Nombreuses sont dans la norme les formes qui assument les deux fonctions : *devant, derrière, depuis, outre*...

Beaucoup d'adverbes ne sont que des prépositions renforcées : *devant, dessus, dessous, dehors*, etc. Beaucoup de prépositions ne sont que des adverbes combinés avec *de* : *en face de, en haut de, au-dessus de*, etc. Ces « locutions » prépositives ou adverbiales correspondent à un effort de la langue cultivée pour différencier deux « parties du discours » qui ont des fonctions grammaticales différentes.

Mais le français populaire — semblable ici à l'ancienne langue — en use beaucoup plus librement. Il emploie directement l'adverbe en fonction de préposition :

> *Il est dessus le lit, dessous la table.*
> *Il a été blessé aussitôt la retraite.*
> *Il est tombé en-bas les escaliers.*
> *Regarde voir en haut le rayon.*

La transposition de l'adverbe en **préposition** peut d'autre part se faire sur le modèle commun, le français populaire construisant de nouvelles locutions prépositives formées d'un adverbe + *de* : *auparavant de, en outre de, à part de*, etc. Il ne fait que développer librement les possibilités offertes par les deux modèles historiques de la transposition d'un adverbe en préposition.

D'une part, il peut y avoir simple changement d'assiette syntaxique, l'adverbe assumant la fonction d'une préposition par le seul fait qu'il introduit un substantif : cf. l'ancien *mettre hors, aller hors* (= adverbe *dehors*) et *hors les murs, hors la loi* (préposition).

D'autre part, il peut y avoir transitivation de l'adverbe par combinaison avec la préposition *de* ; dans la locution prépositive *hors de*, l'indice *de* spécifie la nature prépositionnelle du signe.

Le français commun a abandonné le premier procédé et n'use plus du second que dans les limites d'un usage étroitement contrôlé : il accepte *en face de, avant de*, etc., mais non pas *auparavant de, aussitôt de*, etc.

Le français populaire, plus libre, accepte à la fois *en face la porte, en face de la porte, auparavant ton arrivée, auparavant de...* Cf. les exemples historiques : *devant, derrière, depuis, outre.*

En fait il n'y a plus de différence formelle entre préposition et adverbe, le statut du signe n'étant plus indiqué que par sa place dans la chaîne parlée. C'est pourquoi, de même que l'adverbe fonctionne comme préposition, on peut utiliser les prépositions comme adverbes. D'où les phrases :

C'est étudié pour.
Je suis venu avec.
Voter contre.
Il a pris avec, tous ses bagages.
Avant il faut que je me lave.
Prends ton chapeau, je ne veux pas que tu sortes sans.
C'est selon ; c'est suivant ; c'est tout comme, etc.

Ce tour est fréquent avec le décumul du relatif (cf. *supra*, p. 44) :

L'ami que je suis venu avec (avec lequel).
Le patron que je travaillais pour (pour lequel).

On rapprochera ces tours de la construction familière :

Il m'a tiré dessus (sur moi).
On lui est rentré dedans (dans lui).

que la langue tend à accepter dans la mesure où elle sent *dessus, dedans* comme des formes adverbiales ; en fait ce sont les formes populaires de la préposition. Barbarismes parmi lesquels on reconnaîtra des tours qui, en dépit de la résistance des puristes, sont en train de tomber dans l'usage commun. Certains ont vu une influence étrangère dans cette transposition de la préposition en adverbe, qui est un effet caractéristique des langues germaniques ; pour ma part, je suis persuadé qu'elle résulte du libre jeu de la transposition grammaticale qui est un des caractères du français populaire.

C'est cette même liberté qui permet la transposition du substantif dans : *côté famille, question poignon, histoire de rire,* dans lesquels la valeur prépositive est le résultat non d'une ellipse, mais de l'assiette syntaxique du substantif, dépouillée de toutes les marques spécifiques de sa catégorie (article, genre, nombre).

C'est sans doute dans la *transposition* que s'exprime de la façon la plus originale et la plus féconde la liberté de l'idiome.

L'emploi et, par conséquent, le sens du signe ne sont plus définis par les règles d'une grammaire normative mais par les structures formelles du système et leurs lois de substitution.

II. — Cohérence morphologique et dérivation régressive

Un dérivé est formé à partir d'un mot simple ; et entre l'étymon et son dérivé existe un double rapport — formel et sémantique.

Ainsi on a la série : *jardin/jardiner/jardinier* correspondant aux sens : « jardin »/« faire un jardin »/ « homme qui fait un jardin ».

Mais il arrive que des mots s'introduisent directement dans la langue, pourvus d'un suffixe réel ou supposé : ainsi le latinisme *somnolent*. Il peut arriver aussi que l'étymon se soit éteint cependant que le dérivé a survécu : ainsi *charcutier* formé sur un ancien *char cuite* (chair cuite), comme *épicier* sur *épice*. Dans ces cas la langue peut construire le mot simple à partir du dérivé. De *somnolent*, senti comme un participe présent, elle tire un verbe *somnoler* ; de *charcutier* un verbe *charcuter*. C'est ce qu'on appelle la dérivation régressive. Ce phénomène est exceptionnel dans la langue cultivée car il a sa source dans une confusion et une ignorance de l'étymologie. Il est très fréquent dans la langue populaire.

Ainsi *imminent* est rattaché à la série *exigent, président,* etc., et senti comme le participe présent d'un verbe *imminer*. On a de même : *ça urge, il m'indiffère, il me stupéfait,* etc.

Toujours selon le même procès, il peut arriver qu'une forme déjà existante change de sens par suite d'une fausse étymologie. Ainsi *accidenté* passe du sens « présentant des accidents » *(un terrain accidenté)* à celui de « victime d'un accident » : il a été *accidenté* dans la catastrophe de chemin de fer. Frei cite de nombreux exemples de cette dérivation régressive :

> Louer une villa entourée d'un jardin *arboré* (planté d'arbres).
> Le malade *honore* directement son médecin (payer les honoraires).
> Des noms qui frappent votre *entendement* (votre ouïe).
> *Prospecter* la clientèle par catalogue et circulaires (au sens d'envoyer des *prospectus*).

Nombre de ces formes naguère fautives sont d'ailleurs en voie d'être admises par la langue commune : *un banquier fortuné, l'action conjuguée des deux parties, une rue passagère,* etc.

Ces fausses dérivations peuvent parfois décomposer un syntagme : *bienveillant* > *bonne veillance* ; *inflammable* > *in-flammable* (non enflammable). Frei cite l'helvétisme qui tire un positif *différent* d'*indifférent* senti comme négatif ; il en résulte qu'une personne *différente* est « attentive » et une chose *différente* est « intéressante ».

A la dérivation régressive s'apparentent certains cas de transposition abusive. C'est ainsi que le participe passé (forme passive du verbe) peut prendre une valeur active dans certaines locutions : *un style imagé, une course mouvementée*. De tels tours supposent des verbes *imager, *mouvementer : *j'image mon style > mon style est imagé, « doté d'images ».

La langue populaire dira librement : *il est relationné* (il a des relations), *elle est bien chapeautée* (elle a un beau chapeau) et même *il est bu* (il est ivre). L'adjectif *bien ou mal intentionné* est accepté par la norme.

Le participe présent (forme active du verbe) peut prendre une valeur passive dans *une rue passante, un terrain glissant*.

Ces tours ont leur origine dans des verbes qui admettent une double construction ; ainsi *on glisse sur le parquet* et *le parquet glisse*, il est donc *glissant* ; ces formes ambiguës sont nombreuses dans la langue populaire qui emploie *blesser, tacher* intransitivement pour *se blesser, se tacher*. Elle dira donc *une étoffe tachante*, « qui se tache facilement, qui prend des taches » (1).

A partir de là l'emploi passif du participe présent se généralise. On dit *une histoire marrante, palpitante* (qui fait palpiter). Dans de telles extensions on retrouve le même phénomène d'une analogie fondée sur l'ignorance de la relation syntaxique primitive. *Une rue commerçante* est une rue « qui commerce » et par conséquent où « on commerce » d'où il résulte qu'une rue où « on passe » est *passante*. *Une histoire amusante* est une histoire « qui amuse » et par conséquent « qui fait rire », d'où il résulte qu'un récit « qui fait palpiter » est *palpitant*.

Seule la conscience des catégories grammaticales peut protéger la langue contre de tels glissements. C'est pourquoi ils s'introduisent insidieusement

---

(1) Cf. le tour médiéval « un vin bien buvant ».

dans la norme. En voici quelques-uns dénoncés par les grammaires :

> *Compresser quelque chose* (comprimer/compression > compresser).
> *Être confusionné* (être couvert de confusion).
> *Un spectacle émotionnant* (émouvoir/émotion > émotionner).
> *Une affaire conséquente* (de conséquence).
> *Solutionner une question* (résoudre/solution > solutionner).
> *Une rue passagère* (passante).
> *Ce bruit m'insupporte* (insupportable > insupporter).
> Etc.

III. — Conscience étymologique et glissements de sens

Aux glissements morphologiques et syntaxiques correspondent les glissements de sens qui ont la même origine.

Deux éléments soutiennent le sens d'un mot : son étymologie, ses emplois. Ainsi le sens de *chanteur* est soutenu par la série *vendeur, boxeur,* etc. Celui de *stalactite* par la connaissance du grec. Dans l'ignorance de l'étymologie, le sens repose sur les emplois antérieurs du mot : je me souviens, par exemple, d'avoir rencontré *stalactite* dans le contexte « de longues stalactites pendaient à la voûte de la caverne », etc.

La connaissance de l'étymologie concourt à la fois à éclairer et à stabiliser le sens des mots ; c'est pourquoi elle joue un si grand rôle dans la normalisation de l'idiome.

Or, si l'étymologie est apparente chaque fois que le mot est intégré dans une structure lexicale : dans le cas de *vendeur, boxeur* ou celui d'une métaphore comme *bec-de-cane,* etc., bien souvent, en revanche, elle est obscurcie, comme il arrive lorsque le mot est isolé dans le système ; c'est le cas de *stalagmite* si je ne connais pas le grec ou

NORME ET SYSTÈME

de *s'avérer* si je ne connais pas l'ancien français.

Dans ce dernier cas — qui est général dans la langue populaire — le sens ne repose plus que sur les emplois du mot et ces derniers sont le point de départ d'analogies qui gauchissent les valeurs sémantiques initiales.

On a montré plus haut (cf. *supra*, p. 54) le glissement de sens de *s'avérer* : *l'affaire s'avéra compliquée* > *s'avéra exacte* > *s'avéra fausse*.

Voici quelques-unes de ces impropriétés étymologiques dénoncées par les grammaires :

Un magasin bien achalandé, « bien approvisionné ».
La féodalité d'antan, « de jadis ».
Hésiter entre deux alternatives, « deux parties ».
Arrêter de parler, « cesser de parler ».
S'avérer faux, « se révéler faux ».
Eviter un ennui à quelqu'un, « épargner un ennui... ».
Fixer quelqu'un, « regarder fixement ».
Jouir d'une mauvaise santé, « avoir une mauvaise... ».
Un malheureux vieillard ingambe, « impotent ».
Je vous promets qu'il est là, « je vous assure... ».
Il risque de gagner, « il a des chances de gagner ».
Etc.

Ces « impropriétés » sont innombrables dans la langue populaire, qui dit : *grâce à cette erreur, à la faveur de cette faute ;* ou qui parle des *écailles* d'un homard, d'un manteau *insubmersible* (imperméable), etc. Elles sont fondées sur l'ignorance ou l'oubli du sens étymologique. Mais il ne faut pas perdre de vue que cet oubli correspond à une loi du langage, faute de quoi il tend à se figer en une « langue morte ».

C'est contre cette tendance nécessaire que s'exerce le purisme des doctes. Si on les en croit, on ne devrait jamais *prendre l'ascenseur* pour descendre, *un ascenseur* étant, par vertu étymologique, un appareil servant à monter.

Un cas exemplaire de ce glissement de sens est celui de la négation qui s'exprime en français au moyen de l'adverbe *ne... pas* : *je viens/je ne viens pas*.

On sait que la particule *pas* est d'introduction tardive dans la langue et ne s'est pas entièrement généralisée. Il reste toute une série de tours dont elle est exclue : *ce n'est rien, je n'y crois guère*, par exemple, refusent *pas* qui constituerait une double négation.

On rencontre deux types de fautes dans ce domaine. Le premier, très actif, et en passe de s'imposer au moins dans la langue parlée, est la simplification de *ne... pas* en *pas* : *je sais pas, il veut pas*, etc. Etymologiquement, la négation est *ne* ; *pas* est une marque emphatique (1). On dit : *je ne vois, je n'avance* et en insistant *je ne vois goutte* (pas même une goutte), *je n'avance pas* (pas même d'un pas).

Mais en se généralisant cet emploi a conféré à *pas* une fonction et une valeur négative. On dit très bien : *pas un seul geste, pas un nuage à l'horizon*, etc.

Ceci a entraîné la déchéance de *ne* dans la langue populaire où il paraît faire double emploi ; et on dit *je crois pas* ; forme cohérente et conforme aux tendances de l'idiome dans la mesure où elle transfère la négation sur un morphème suffixé (cf. *supra*, p. 48).

On recrée, d'autre part, des formes emphatiques au moyen de divers compléments adverbiaux : *j'en crois pas un mot, j'en veux pas du tout, ça vaut pas un clou, il y entend pas tripette*, etc.

La fonction négative de *pas* entraîne celle des autres spécificateurs de la négation : *personne*,

---

(1) Ce problème est d'ailleurs complexe ; j'ai essayé de l'élucider dans un article récent : L'opposition actuel/virtuel. Remarques sur l'adverbe de négation dans « Aucassin et Nicolette », *Mélanges Delbouille*, pp. 295-306.

rien, aucun, guère, etc. Et on dit : *j'y crois guère, j'ai vu personne, j'en ai qu'un*, etc.

D'autre part *pas* apparaît comme la négation générique, marque désormais nécessaire avec la disparition de *ne*. On dit alors :

> *J'y crois pas guère.*
> *Je connais pas aucun homme.*
> *J'en sais pas trop rien.*
> Etc.

Tours dans lesquels on ne peut parler d'une double négation car c'est *pas* qui en l'absence de *ne* est senti comme l'élément négatif.

Mais ce tour peut entraîner des doubles négations par hypercorrections : c'est ainsi que Frei cite :

> *N'ayant pas encore rien reçu.*
> *Personne ne veut pas ça.*
> *Je n'ai pas encore obtenu aucun résultat.*

Par contrecoup, le problème de « la double négation » se pose dans de nouveaux termes. Dans *ce n'est pas rien*, il n'y a pas en réalité double négation puisque la négation est *ne*, mais double spécificateurs de la négation *pas* et *rien*. Au moment où *pas* assume la fonction d'adverbe de négation rien ne s'oppose à ce que *personne, rien, aucun*, etc. (qui sont étymologiquement des formes positives) viennent spécifier la négation.

Et on dit :

> *J'en sais pas rien, il y croit pas guère, je connais pas aucun homme.*

IV. — Marques génériques et marques spécifiques

Les mots ont à la fois une fonction grammaticale et un sens. C'est ainsi que *le chien* désigne un certain animal (sens) et appartient à une certaine catégorie grammaticale qui lui permet d'être sujet du verbe, complément, etc. (fonction).

Certaines catégories de mots ont un rôle essentiellement grammatical (fonctionnel), leur contenu sémantique est faible, parfois nul ; c'est pourquoi on les appelle mots grammaticaux, mots outils. Telles sont les prépositions et les conjonctions.

Dans chaque catégorie grammaticale il existe des termes génériques, c'est-à-dire vides de sens, réduits à leur seule fonction et pouvant remplacer n'importe quel autre terme de la catégorie : le substantif *chose*, les verbes *être*, *faire*, les prépositions *à*, *de*, les conjonctions *et*, *que*, qu'on appelle quelquefois « mots vides » (cf. ma *Syntaxe*, chap. I).

Or c'est une tendance de la langue cultivée que d'exprimer avec exactitude toutes les nuances de la pensée. C'est pourquoi au terme générique vague elle préfère l'emploi de termes spécifiques précis. A cet effet elle a créé des centaines de locutions prépositives et conjonctives : *On va à bicyclette mais en voiture ; à la boulangerie*, mais *chez le boulanger. On grimpe sur une chaise, au sommet d'une montagne, à une échelle, le long d'une façade*, etc. De même *on lave la vaisselle, on nettoie les couteaux, on cire les souliers, on balaie la chambre, on étudie le latin, on résout un problème*, etc.

Or c'est un des traits de la langue populaire que d'ignorer ces distinctions et de remplacer les différents signes spécifiques par une marque générique : *on fait la vaisselle, les couteaux, les souliers*, etc.

La tendance est donc de conférer une marque unique à une même relation, en laissant au contexte le soin de spécifier le rapport.

La langue populaire ne connaît qu'un petit nombre de prépositions et conjonctions et leur emploi s'écarte notablement de l'usage cultivé.

1. Les prépositions. — L'idée de possession se traduit par *à* : *la fille au boulanger, la bague à Jules*.

Comme on le voit par ces exemples le possesseur est ici une personne; on emploie normalement *de* lorsqu'il s'agit d'un animal ou d'une chose : *la queue du chat, la porte de la cuisine*, etc.

Le substantif indiquant la matière est introduit par *en* : *une assiette en étain, une fille en or*, etc.

Le complément du verbe est régi par un petit nombre de prépositions : *de, à, après.*

De est généralement privatif :

> *Se rappeler de quelqu'un* (qui est absent).
> *S'ennuyer de sa famille* (dont on est séparé).
> *Avoir fini du couteau* (dont on n'a plus besoin).
> *Pourquoi que vous avez quitté d'ici.*

L'idée de rapprochement est traduite par *à* :

> *Partir à Paris, à la guerre.*
> *Aller au coiffeur.*
> *Il a été dirigé à une ambulance.*
> *Mettre son mouchoir à sa poche.*

Les grammairiens font remarquer que lorsqu'on *part* on se sépare et que le lieu où l'on a l'intention de se rendre n'est encore qu'un but abstrait ; que lorsqu'on va se faire couper les cheveux, on pénètre dans la boutique du coiffeur (*chez = casa =* dans la maison), etc., alors que la logique populaire, plus simplement, envisage toutes ces actions comme un déplacement vers un lieu.

D'une façon générale on peut constater un emploi générique de *à*, en particulier comme marque de l'agent du passif :

> *Je l'ai fait faire à mon tailleur.*
> *Nous avons fait visiter le chien au vétérinaire.*
> Cf. : *Un habit mangé aux mites*, et Racine : *Je me laissai conduire à cet aimable guide.*

Le rapprochement, l'intérêt accordé à une chose s'exprime par *après* :

Monter après un mur.
Demander après quelqu'un.
Chercher, attendre après quelque chose.

Après (latin *ad pressum*) est un *à* renforcé et qui indique un mouvement qui touche et qui colle au but. Les bras et les jambes étreignent et pressent l'arbre *après lequel* on grimpe. *Demander après quelqu'un* c'est s'enquérir de quelqu'un dont on désire avoir des nouvelles : *je cherche après Titine*.

La préposition peut introduire aussi l'infinitif qui est une forme substantivée du verbe.

J'ai montré dans ma *Syntaxe* (p. 60) que beaucoup de verbes construits directement avec un substantif demandent un régime indirect (*à* ou *de*) avec un complément à l'infinitif. Ainsi : *chercher quelqu'un, dire quelque chose...* ; mais : *chercher à venir, dire de venir*, etc.

Or cette tendance s'affirme dans les parlers populaires (1) :

Je crois que vous aimez d'être seul.
Ma mère et mon frère osent rien de dire.
Je me préfère de rester.
Je te laisse de faire tout.
Penses-tu de sortir dimanche ?
Veuillez, je vous prie de me faire savoir.

La préposition *de* est sentie comme le signe de la transposition nominale et accompagne nécessairement l'infinitif. Cela est si net qu'un des parasitaires s'introduit entre le verbe et une autre préposition : *C'est pour de rire.*

Forme substantivée, l'infinitif peut aussi jouer le

---

(1) C'est aussi une tendance de la langue classique qui construit avec de les verbes : *il vaut mieux, il me semble, à quoi bon, confesser, prétendre, imaginer*, etc. Cf. A. HAASE, *Syntaxe française du XVII° siècle*, pp. 300 et ss.

rôle d'un complément de relation dans : *maison à vendre, prêt à partir, vin à emporter*, etc. Là encore le français populaire généralise ce qui n'est dans la norme qu'un tour soigneusement filtré.

Voici quelques exemples signalés par la *Grammaire des fautes* de Frei ; mais à trente-cinq ans de distance beaucoup de ces « fautes » nous apparaissent aujourd'hui comme parfaitement normales :

> *Occasions à profiter.*
> *Marchandises à payer en trente jours.*
> *Des choses pas à comparer.*
> *J'ai plusieurs endroits à aller.*
> *Terrain à bâtir.*
> *J'ai bien autre chose à penser.*
> *Je n'ai pas que moi à penser.*

Un autre tour populaire est l'emploi dit « explétif » de la préposition *de*.

J'ai une casserole de trouée, une chambre de libre qui permet d'opposer la simple épithète de l'adjectif de relation ; distinction très importante et qui manque au système syntaxique du français. *Une casserole trouée* est percée d'un trou (simple déterminant) ; *une casserole de trouée* est un objet qui a été troué.

Cf. aussi *j'ai ma sœur malade* (celle qui est malade), complément d'inhérence ; *j'ai ma sœur de malade* (elle est tombée malade), complément de relation.

L'anglais a la possibilité de réaliser cette opposition par la place de l'adjectif.

I like ripe apples/I like apples ripe.
J'aime les pommes mûres/J'aime les pommes, mûres (quand elles sont mûres).

Comparez de même *j'aime le café sucré/j'aime mon café, sucré*.

C'est cette opposition importante que l'emploi de la préposition permet d'exprimer. Et on comprend pourquoi le tour gagne du terrain.

De ce tour on distinguera : *j'en ai une de chambre,
c'est le mien de veston*, qui sont des transpositions
expressives (cf. *infra*, p. 87).

2. Les conjonctions. — Les grammaires d'usage
dénombrent plus d'une centaine de conjonctions.
Mais il apparaît que la presque totalité sont des
locutions conjonctives formées par la combinaison de
que et d'un élément adverbial ou propositionnel : *afin
que, pour que, lorsque, de peur que, pourvu que*, etc.

L'histoire de la langue montre qu'il reste fort peu
de chose du riche système des conjonctions latines ;
nous n'en avons retenu que quatre : *que, quand,
comme si (combien).*

En ancien français, *que* assume la fonction d'un
corrélatif minimum à valeur universelle et ce n'est
qu'ultérieurement au cours de son développement
que la langue (savante et littéraire) a recréé un système de conjonctions spécifiques qui lui permet
d'expliciter la nature de la relation (causale, concessive, finale, etc.).

Or *que* continue bien à jouer dans la langue populaire ce rôle de conjonction minimum, de terme
générique impliquant tous les autres ; on mettra un
simple *que* là où la norme exigerait *parce que, puisque,
sans que, au point que*, etc., le seul contexte précisant
la nature de la corrélation.

Voici quelques exemples de cet emploi générique
de *que* (empruntés à Frei) :

Reprends donc vite le petit que je me suis trompé (parce que).
Il est venu que j'étais malade (pendant que ; mais on relèvera
l'ambiguïté : pendant que/parce que).
Approchez que je vous cause (pour que).
Voilà bien longtemps qu'il est venu (depuis que).
Elle est bête que c'est à pas y croire (au point que).
Qu'est-ce qu'il a donc qu'il ne dit plus rien (puisque).
Etc.

D'autre part cet emploi généralisé de *que* et son rôle dans la formation de la plupart des conjonctions composées (*ainsi que, lorsque, malgré que*, etc.) entraînent la contamination des rares conjonctions simples du système : *quand, si, comme, combien*, et on dit *quand que, si que*, etc. :

> *Fais toujours comme si que tu n'en savais rien.*
> *Je le ferais quand que j'aurais le temps.*
> *Juste comme qu'il passait devant sa porte.*
> *Quand même qu'il se serait égaré.*
> *Combien qu'il gagne ?*
> *Quand que vous venez ?*
> *C'est comme qui dirait.*

Enfin le populaire forme librement de nouvelles locutions conjonctives sur le modèle de la longue série de celles qui existent déjà. On a ainsi : *malgré que, moyennant que, à force que, en signe que*. Formes fleurant le vulgarisme, et qui, pour cette seule raison, se heurtent pour un temps plus ou moins long à la résistance des puristes.

Mais on ne voit aucune raison logique, ni linguistique, d'admettre l'analogie *au lieu de travailler/au lieu qu'il travaille*, en interdisant *à force de travailler/à force qu'il travaille*.

Un autre emploi original de *que* est celui qui transpose un adverbe en proposition prédicative : dans la phrase *heureusement que tu étais là*, *que* fait de *tu étais là* une subordonnée complétive, ce qui postule un verbe principal impliqué dans *heureusement* > *il est heureux que*...

Le français populaire multiplie ces tours qui, combinés avec une exclamation, prennent facilement une valeur affective :

> *Vivement qu'on se tire !*
> *Plus souvent que je viendrai.*
> *Et comment que je vous emmerde !*
> *Une supposition que tu serais ma tante.*

Toutefois il y a un terrain où l'emploi de *que* tend à régresser ; c'est dans les comparatives dont la conjonction héréditaire est *comme*; forme normale en ancien français où l'on dit : *tel comme, ainsi comme,* etc. : *tant com le savront vivant.*

C'est l'usage en français populaire :

On m'a fait une robe pareille comme la sienne.
Il est aussi grand comme lui.
J'arriverai aussitôt comme vous.
C'est plus pire comme un enfant.

On remarquera qu'il n'y a aucune contradiction entre les deux tendances (extension ou suppression de *que*) qui sont parfaitement cohérentes et logiques.

Dans *juste comme qu'il passait, comme* est une conjonction de temps introduisant une subordonnée verbale qui exige le corrélatif *que*. Dans *aussi grand comme lui, comme* est comparatif et introduit un nom.

Le français connaît un emploi anaphorique de *que*, permettant d'éviter la répétition de la conjonction au début d'une seconde subordonnée, coordonnée à la première : *Quand il a ouvert la porte et qu'il est entré.*

Toutefois la règle interdit cette anaphore avec les conjonctions adverbiales du type *c'est pourquoi, car*. Mais le français populaire écrira : *Il est malade, c'est pourquoi il est couché et qu'il ne peut pas travailler.*

On rencontre aussi le phénomène inverse sous forme d'une haplologie qui consiste à omettre le rappel de la conjonction :

Quand un tuyau crève et ça gicle dehors.
Le corps n'en sait pas plus que je viens de dire.

V. — Solécismes

Voici pour finir une liste des principaux solécismes dénoncés par les grammairiens. Je l'ai établie d'après le *Dictionnaire des difficultés de la langue française*

NORME ET SYSTÈME 75

(op. cit.). On remarquera que nombre de ces tours sont en passe de forcer les barrages de la norme. Quant à leur origine, j'espère que le lecteur désormais n'aura aucune difficulté à la déceler.

La poupée *à* ma fille.
Pour deux *à* trois personnes.
De manière *à ce que...*
Consentir *à ce que.*
Se promener *alentour* la ville.
Aller *au* dentiste.
Je me *suis en* allé.
Il *appréhende* sortir le soir.
La clef est *après* la porte.
Il est furieux *après* vous.
Il a demandé *après* vous.
Aussi curieux que cela paraisse.
Aussi grand *comme* moi.
Aussitôt son retour.
Un *bel* azalée.
Se baser sur.
Dans le but de.
A cinq *du* cent.
Mille francs *chaque.*
Le combien es-tu ?
Y comprises les gratifications.
Des cerises *confies.*
Etre *confusionné.*
Nous *avions* convenu.
Davantage de talent que...
D'ici demain.
Sa femme *est disparue.*
Aller *en* bicyclette.
Se *faire* une entorse.
Docteur *ès* médecine.
Je suis été à la pêche.
En face la mairie.
Fâchée avec lui.
De façon à ce que.
Ce n'est *pas de* sa faute.
Fixer quelqu'un.
Elle se fait *forte* de.
Il s'en est *guère* fallu.
C'est *là où* je vais.
Malgré que je lui aie interdit.
De manière *à ce que.*
Vers les midi.
Ils sont moins chers qu'ils étaient.

Mieux *en* naturel.
Nous *on* a été.
Nous deux mon chien.
Il lui observa que.
Je n'ai *rien à* m'occuper.
On est arrivé.
En outre de cela.
Pallier *à* un inconvénient.
A ce qu'il paraît que.
Il a fait pareil *que* vous.
Pardonner *quelqu'un.*
Pareille *que* la sienne.
Partir *à* Lyon.
Aller de mal *en pire.*
Au point *de vue* congés.
Je préfère rester *que.*
Une occasion *à profiter.*
Allons promener.
La chose *que* j'ai besoin.
D'où que tu viens.
Quand même *que* ce serait vrai.
Elle a quel âge.
Quoiqu'il est malade.
Je *m'en* rappelle.
Rapport à sa mauvaise santé.
Il *est rentré* à l'église.
J'ai rêvé à un mari.
Comme si rien n'était.
Il semble que *c'est* bien.
A deux heures *sonnant.*
Cela l'a stupéfaite.
J'arrive *de suite.*
Il *s'en est suivi* un désastre.
Lire sur le journal.
Surtout qu'il n'est pas bien.
Tant qu'à faire.
Tant qu'à lui.
Je l'ai acheté *tel que.*
Je me suis *très* amusé.
Avoir *très* faim.
Il s'amuse *de trop.*
Vitupérer *contre* quelqu'un.

Chapitre IV

L'EXPRESSIVITÉ

Parmi les fonctions qui déterminent la forme du langage populaire une place prépondérante est prise par l'expressivité. J'ai eu bien des fois l'occasion de définir cette notion si importante (cf. mes *Stylistique*, *Sémantique*, *Argot*, *Syntaxe du français*).

Le langage a une double fonction ; d'une part désigner objectivement les choses, d'autre part exprimer les sentiments et jugements du sujet à l'égard des choses dont il parle. Ces deux modes de signification — dénotation objective et connotation subjective — entrent dans le sens du signe. Mais elles y entrent en proportions variables qui dépendent des choses dont on parle, de la situation, des buts du discours, des interlocuteurs et du sujet parlant lui-même.

D'une façon générale, et abstraction faite de ces différentes variables, on peut dire que la langue populaire se caractérise par un fort coefficient d'affectivité et d'expressivité.

Même dans son métier et dans la désignation d'instruments précis et d'opérations objectives, l'artisan, l'ouvrier exprime à chaque instant ses sentiments, attendris, ironiques ou — le plus souvent — hargneux et coléreux ; le paysan s'irrite contre son cheval, le chauffeur contre sa voiture, le peintre contre son pinceau. Même attitude en face des êtres ; l'homme du peuple appelle sa femme *poupoule*, *bobonne*, *la bourgeoise* et ses enfants *Toto*, *Dédé*, *Gugusse* ou *Tintin*, etc.

Il y a une sorte d'hypertrophie de l'affectivité dans la pensée et l'expression populaires. Mais il serait sans doute plus exact de dire qu'il y a une hypertrophie de l'intellectualité dans la pensée de l'homme cultivé.

L'apprentissage d'un rationalisme analytique et objectif aboutit chez beaucoup à une sorte de dichotomie quasi schizophrénique de la pensée qui, chez le peuple, est beaucoup plus naturelle et unitaire. Ce dernier, en effet, envisage moins les choses que les situations ; il refuse — et d'ailleurs est le plus souvent incapable — de les concevoir en elles-mêmes et telles qu'elles sont, pour les considérer telles qu'elles sont vues, senties et vécues. Cette hypertrophie de l'expressivité que l'on rencontre chez certains individus (certaines femmes notamment) et dans certains styles (poésie lyrique, conversation familière) est quasi générale dans la langue populaire et en constitue bien un trait spécifique.

Spécifique aussi par sa nature, par sa couleur ; dans la mesure où elle est liée à certaines formes de la sensibilité qui varie avec le milieu, l'éducation, la culture.

J'ai écrit ailleurs les caractères de l'expressivité populaire et je renvoie le lecteur à mon *Argot* (pp. 40-54). Je me contenterai de rappeler ici ses principaux caractères qui sont : la concrétisation de l'abstrait ; la dégradation des valeurs esthétiques, morales, affectives ; le sarcasme et l'ironie.

C'est le besoin d'exprimer ces valeurs que nous **retrouverons** derrière la plupart des procédés de création lexicale : dérivation (composition) augmentative, itérative, affective, parasitaire ; pléonasmes ; transposition ; figures de sens, etc.

Cette expressivité est définie par deux traits, d'ailleurs complémentaires, l'intensité et l'affectivité. Elle est, par ailleurs, tributaire de procédés de dérivation morphologiques et sémantiques particuliers.

I. — Intensité et affectivité

Dans la pensée populaire les choses sont très grandes ou très petites, très bonnes ou très mauvaises ; l'affirmation, la négation, l'ordre s'expriment emphatiquement.

Hyperbole, redondance, tautologie, pléonasme, dérivation parasitaire, figures de sens ou de syntaxe concourent à mettre en relief l'idée exprimée. D'où des expressions du type : *sortir dehors, achever complètement, c'est la vérité vraie, une petite maisonnette*, etc.

On *pique un roupillon* > *un petit roupillon* > *un bon petit roupillon* > *un bon vieux petit roupillon* > *un bon vieux petit roupillon des familles*, etc.

L'expression s'enfle en une suite de signes redondants : *bon, vieux, petit, -illon... des familles...* ne sont que des synonymes, formes intensives de *bon* et vidées de leur valeur sémantique propre.

Cette intensité de l'expression est presque toujours liée à des valeurs affectives.

Objectivement les augmentatifs et les diminutifs ont pour fonction de désigner les êtres, les qualités, les procès, selon qu'ils sont grands ou petits : une *fillette* est une « petite fille », *une fillasse*, une « grande fille » ; mais la petitesse évoque une idée de **délicatesse**, de gentillesse, ou au contraire de faiblesse, de mesquinerie ; la grandeur, celle de force et le plus souvent de laideur, de méchanceté, etc. ; caractères qui impliquent des jugements et des sentiments de la part du sujet. De même *la vérité vraie* est sentie et affirmée dans un mouvement passionné.

La vision populaire ne distingue pas l'objet des réactions affectives qu'il suscite. Objectivement *rossard* signifie « très rosse », mais exprime en même temps les sentiments du sujet parlant à l'égard d'une si grande rosserie; on passe du plan objectif : « individu très méchant » au plan subjectif « individu que je méprise, que je hais parce qu'il est méchant ».

Il y a en même temps une brachysémie (contraction elliptique du sens) qui modifie la relation syntaxique logique et reporte le déterminant de l'objet sur la valeur ; le *rossard* est « très méprisé ». Un *galonnard* n'est pas un individu très galonné mais très méprisé à cause de ses galons. De même *une enfant pâlote* est moins *un peu pâle* que « une fillette pâle, la pauvre petite ».

C'est le besoin d'exprimer ces valeurs que nous retrouvons derrière la plupart des procédés de création lexicale et syntaxique ; suffixation parasitaire, par exemple, du type : *épicier* > *épicemard*, *adjudant* > *adjupète*, etc., et ces métaphores zoomorphiques qui assimilent l'homme à l'animal : *bouche* > *gueule* ; *jambes* > *pattes*, etc.

II. — La dérivation expressive

Un des traits les plus caractéristiques de la langue populaire est l'emploi généralisé de suffixes et de préfixes diminutifs, augmentatifs, itératifs, fréquentatifs ; formes intensives liées dans la plupart des cas à des valeurs affectives.

1. Les suffixes.

— Le français populaire dispose des formes normales : diminutifs *-et*, *-ot*, *-on* ; augmentatifs *-ard*, *-aud* ; fréquentatifs *-aille*, *-ille*, *-ouille*. Mais on remarquera, d'une part, que tous ces morphèmes sont d'origine populaire ; que, d'autre part, la langue populaire présente une véritable hypertrophie de ce type de formation dont le français est assez sobre.

En outre, il dispose de toute une série de suffixes qu'il a tirés de dialectes et qui lui sont propres : *-asse*, *-oche*, *-iner*, etc. Il va plus loin encore lorsqu'il emprunte à l'argot la substitution de suffixe et la suffixation parasitaire et transforme *valise* en *valoche* ou *flapi* en *flagada* (cf. mon *Argot*, pp. 70-74).

On atteint la limite où le suffixe est évacué de tout contenu sémantique ; il n'est plus que le signe d'une valeur affective ou stylistique : le *-flard* de *perniflard* ne modifie pas le sens, pas plus que *petit* dans *un p'tit pernod* ; ce sont de pures marques d'expressivité.

Ces suffixes se caractérisent, d'autre part, par la valeur expressive assumée par les sons.

La prédominance des voyelles graves (*ou*, *a*, *oi*, *an*, *on*, etc.), celle des consonnes soufflées et chuintantes (*ss*, *ch*, *ill*, etc.) donnent aux mots cette couleur veule, avachie, écrasée dans laquelle nous avons ailleurs reconnu un des caractères de la prononciation populaire (cf. *infra*, p. 112).

Ce sont ces phonèmes combinés en assonances et en allitérations qui donnent leur expressivité à tant de mots populaires : *papouille*, *flagada*, *raplapla*, etc.

Enfin l'ensemble de ces suffixes et de ces finales parasitaires tend à s'organiser en un système d'alternances dans lesquelles les voyelles aiguës prennent une valeur diminutive par opposition aux graves : *ille/-aille/-ouille* ; *-isse/-asse/-ousse* ; *-iche/-ache /-ouche.*

Comparez *babiller* et *bafouiller*, *rondouillard* et *rondouillet*, etc.

2. Les préfixes. — L'intensité peut être aussi exprimée par des préfixes itératifs ou fréquentatifs.

La langue en a connu toute une série qui sont aujourd'hui tombés en désuétude mais qu'on retrouve figés dans des mots tels que : *farfouiller, chambouler, tripoter, bistrouiller, tressauter*, etc. Seul est vivant aujourd'hui le préfixe *re-* qui est un itératif : *remplir* signifie *emplir* sans s'arrêter, jusqu'au bout.

Nous avons de même *se réjouir, ramasser, raccourcir, raffiner, ralentir, rencontrer*, etc., en face d'anciens *s'éjouir, amasser, accourcir, affiner, alentir*, etc., dans lesquels le préfixe n'exprime pas l'idée de recommencement, d'un retour mais d'une action continue (1).

Or cet « élargissement » du verbe simple est très fréquent dans les parlers populaires où on trouve des formes telles que : *rentrer, se rapprocher, réchapper, raiguiser, raugmenter, renfermer, se rebecquer, reluquer*, etc. :

Le pauvre enfant s'était rapproché du fourneau.
Le cocher se rarrête et ne ravertit pas.
La vie raugmente tous les jours, etc.

La vie raugmente signifie « augmente sans cesse », c'est donc une forme intensive. Il en est de même de la réduplication de la racine dans des mots comme *foufou, sossotte, bêbête, fifille, pépère, chochotte*. C'est parfois le mot entier qui peut être répété dans *chien-chien, bonbon*, etc. Ce type de tautologie prend

---

(1) Il faut relever toutefois la fréquence de ce type de préfixation avec des mots à initiale vocalique, ce qui semblerait indiquer une fonction phonique.

facilement une valeur hypocoristique dans *poupoule*, *bobonne*, etc., et en particulier dans la formation de prénoms : *Toto*, *Dédé*, *Tintin*, *Gugusse*, etc.

Le même procédé se retrouve dans ce que j'ai appelé ailleurs la « composition tautologique », qui consiste à juxtaposer des verbes de sens identiques : *tournevirer*, *culbouler*, *chariboter*, *batifoler*, *ribouldinguer*, etc. (1).

Il peut y avoir aussi réduplication du suffixe diminutif, augmentatif ou fréquentatif. C'est ainsi que se sont formés un certain nombre de suffixes doubles, voire triples du type : *-elet*, *-onnet*, *-illet*, *-ichon*, *-illon*, etc. D'où des mots tels que *maigrichon*, *grassouillet*, *ronchonnot*, *une larmichette*, *tournicoter*, etc.

On peut de même considérer comme des tautologies à valeur intensive certains emplois abusifs du préfixe *de*, qui « élargit » des verbes exprimant une idée d'origine, de séparation, de cassure.

On dit : *décompter*, *découper*, *déperdre*, *désséparer*, *débattre le beurre*, *débriser des œufs*, *détourner la tête*, etc. Cf. *Vous décessez jamais de faire vot' raffut au cintième...*

Toutes ces formes constituent autant de procédés d'intensification de l'idée exprimée ; nous allons les retrouver au niveau du syntagme (ou groupe de mots) sous forme de pléonasmes, tautologies, mises en relief.

III. — Tautologies, pléonasmes, mise en relief

Si la réduplication du signe constitue le procédé le plus naturel de la mise en relief, on pourra répéter le mot sous forme d'un synonyme : *sain et sauf*, *à tort*

---

(1) Cf. mon article : Le champ morpho-sémantique des composés tautologiques, *Zeit. Rom. Phil.*, 1961.

et à travers, sûr et certain, contraint et forcé, etc. D'où des locutions du type *il en dit des vertes et des pas mûres* dans lesquelles on ne fait que reprendre la même idée sans modification du sens sur le modèle de : *tournevirer, larmichette, une petite maisonnette,* etc.

Le signe redondant peut aussi prendre des formes purement parasitaires du type *saucisson > sauciflard.* C'est ainsi que la locution *peau de balle* devient sous sa forme tautologique *peau de balle et balai de crin.* Mais *balai de crin* est ici dépourvu de tout contenu sémantique, c'est un simple développement formel de *balle* en *balai.*

La redondance peut être aussi marquée par un déterminant de la même famille que le déterminé ; on dit *c'est la vérité vraie.* Il y a pléonasme dans le cas d'un déterminant superflu qui ne fait que répéter l'idée du terme principal : *achever complètement.*

Toutes les grammaires dénoncent ces tours considérés comme abusifs et il est vrai qu'ils ont bien souvent leur origine dans l'ignorance des locuteurs qui parlent d'une *secousse sismique* sans se rendre compte que le radical grec *seismos* signifie précisément secousse. Mais, dans la plupart des cas, le pléonasme est fonctionnel dans la mesure où il constitue une forme intensive de l'idée exprimée, c'est pourquoi *achever complètement* ou *une petite maisonnette* n'ont rien qui doive choquer les puristes.

Mais voici une liste des pléonasmes les plus fréquents :

Abolir entièrement.
Achever complètement.
Ajouter en plus.
Apanage exclusif.
Faire une chute verticale.
Collaborer ensemble.
Comparer entre eux.
Etre contraint malgré soi.
Descendre en bas.
Dune de sable.
S'entraider mutuellement.

S'enchevêtrer les uns dans les autres.
Erreur involontaire.
Frais onéreux.
Hasard imprévu.
Une heure de temps.
Hémorragie de sang.
Gai luron.
Petite maisonnette.
Marcher à pied.
Noire mélancolie.

Mirage décevant.
Monopole exclusif.
Monter en haut.
Panacée universelle.
Etre le premier en tête.
Prévoir d'avance.
Passer en première priorité.
Progresser en avant.
Puis ensuite.
Reculer en arrière.
Refaire encore.
Répéter de nouveau.
Revolver à barillet.
Se réunir ensemble.
Secousse sismique.
Il suffit simplement.
Suivre derrière.
La topographie des lieux.
Tous sont unanimes.
Voler dans l'air.
Etc.

A propos de pléonasmes, relevons la curieuse expression *tâcher moyen de...* Il existe en vieux français un verbe *moyenner de...* au sens de « faire en sorte de..., faire son possible pour... ». *Tâcher de faire* et *moyenner de faire* sont donc deux synonymes qui se sont combinés dans une sorte de composé tautologique. C'est ce vieux verbe *moyenner* qui est, de même, à l'origine de l'expression : *y a pas moyen de moyenner*.

Les adverbes, dans la mesure où ils expriment les degrés et les modalités des qualités et des actions, prennent facilement des formes intensives.

On dit : *très beau* > *très très beau* ; *extrêmement, excessivement, formidablement, vachement, bougrement beau*, etc.

Termes vides de tout contenu sémantique car le locuteur n'entend nullement dire que cette beauté inspire la terreur *(est formidable)* ou dépasse les limites *(est excessive)*.

Les adverbes de quantité sont de même mis en relief par des tours figurés ; *beaucoup, une foule, une masse, des tas, une flopée, une chiée*, etc.

Il en est de même de l'affirmation, de la négation, de l'ordre. *Tu parles, et je veux, et alors, tu l'as dit*, etc., sont des formes intensives de l'affirmation ; formes souvent élargies de développements parasitaires du type : *tu parles, Charles ! Tu l'as dit, bouffi*, etc.

C'est surtout la négation qui est constamment renforcée : *pas* > *pas du tout* > *absolument pas* > *pas un clou, un pet*, etc. ; *rien* > *que dalle* > *peau de balle* > *des clous* > *des nèfles*, etc.

L'impératif est souvent renforcé d'un datif dit « éthique », sous forme de pronom qui marque l'intérêt que le sujet parlant prend à l'action : *faites ça* > *faites-moi ça*.

L'impératif est aussi renforcé d'un adverbe : *viens donc, arrive voir*. Et on relèvera à ce sujet que l'adverbe *voir* d'un usage si fréquent en français populaire ne représente pas le verbe « voir » mais un ancien adverbe de la famille de l'adjectif *voir*, « vrai » ; *voir* signifie « vraiment, effectivement » : *faudrait voir faire un peu attention*.

C'est pourquoi *voir* se combine tautologiquement avec *donc* : *arrive donc* + *arrive voir* > *arrive donc voir*. A quoi peut s'ajouter le datif éthique : *arrive moi donc voir*.

Cette répétition de l'adverbe, considérée comme un pléonasme, est générale ; on dit : *et puis ensuite, comme par exemple, ainsi donc, ainsi par conséquent, aussi par exemple*, etc.

C'est par le même procès qu'un adverbe comme *aujourd'hui* est élargi en *au jour d'aujourd'hui* ; et il n'est pas inutile de relever qu'*aujourd'hui* est lui-même la forme élargie d'un ancien *hui* (au sens d'aujourd'hui).

Les prépositions qui sont des formes faiblement accentuées et qui d'autre part tendent à se vider de leur contenu sémantique sont particulièrement sujettes à ce type de renforcement. C'est pourquoi on tend à leur substituer les adverbes correspondants qui en sont des formes renforcées :

Sur > *dessus, dessur* ; *sous* > *dessous* ; *dans* > *dedans*, etc.
Il est rentré dedans la chambre.
Il a mis son chapeau dessus sa tête.

Là encore remarquons que *dans* est lui-même une forme renforcée d'un ancien adverbe *enz*.

C'est qu'une préposition du type *enz* > *dans* qui

étymologiquement signifie « à l'intérieur de », voit cette valeur s'affaiblir et s'obscurcir à travers des emplois comme : *dans la vie, dans le doute, dans la misère*, etc. ; il est donc nécessaire de la renforcer, lorsqu'on désire l'employer dans son sens précis ; c'est pourquoi on distinguera : *il est dans la rue* mais *dedans sa chambre.*

La mise en relief peut se faire aussi par des procédés syntaxiques ; tels ces compléments de relation : *ce salaud de Durand, cochon de métier*, etc., dans lesquels les grammaires voient un *de* « explétif ». Il s'agit en fait d'un cas très original de transposition grammaticale (cf. *supra*, pp. 56 et ss.). En effet le tour *une belle fille* peut être transposé en *une beauté de fille.* Dans *une belle fille* nous avons un terme principal ou thème, sous la forme du substantif *fille* et un terme secondaire, sous la forme de l'adjectif *belle* ; or nous « substantivons » l'adjectif *belle* > *une beauté* et nous « adjectivons » *fille* > *de fille* (complément de relation) ; il en résulte une inversion qui fait de la qualité le terme principal et qui la met donc en relief.

Dans *cochon de métier* la transposition est encore beaucoup plus complexe. Nous devons partir en effet de *métier de cochon* ou *métier cochon*, dans lequel *de cochon, cochon* sont des adjectifs transposés du substantif *cochon* (l'animal) ; puis cet « adjectif » est à son tour « substantivé » ; dans *cochon de métier* le mot désigne la qualité de ce qui est *cochon*, c'est-à-dire *la cochonnerie* (on peut dire aussi *cochonnerie de métier*).

C'est cette même transposition du thème qu'on retrouve dans :

C'est le mien de chapeau.
C'est celui-là de chapeau.
Lequel de chapeau.
J'en ai trois de chapeaux.

On passe de *mon chapeau* (*mon* déterminant + *chapeau* déterminé) à *le mien* (déterminé) *de chapeau* (déterminant).

On dira de même : *j'en ai une libre de chambre* ; tour qu'on ne confondra pas avec *j'ai une chambre de libre* (cf. *supra*, p. 71). *C'est le mien de chapeau* est l'équivalent du normal *c'est mon chapeau à moi*, ou encore *ce chapeau est le mien* qui consistent à placer l'accent tonique sur la forme atone du possessif.

IV. — Les changements de sens

La langue populaire forme de nouveaux mots par changement de sens ; ces figures comme tous les signes linguistiques ont une double fonction, objective et subjective, selon qu'elles désignent l'objet dans ses caractères propres ou expriment l'attitude ou les réactions du sujet parlant (cf. *supra*, p. 77). Et là encore nous pourrons constater le caractère expressif de la langue populaire qui ne sépare jamais l'objet des sentiments et des émotions qu'il provoque.

Ces figures sont donc des formes intensives d'une vision qui dégrade et dévalorise les choses. On a vu l'exubérance de la suffixation et de la préfixation qui accable le mot sous la charge de marques vides de sens, redondantes, superflues, souvent parasitaires qui ne sont que le signe d'une réaction affective débridée.

Chaque notion, chaque idée, de même, se cache sous le masque de quelque image à travers laquelle s'exprime une sensibilité qui colore les choses des teintes en général les plus sombres et quelquefois les plus répugnantes.

On a vu comment la simple idée de quantité *(beaucoup)* prolifère en *une tapée*, *une flopée*, *une chiée*, etc. Il n'est guère de notion qui échappe à ces figures ; aussi la langue populaire est-elle considérée comme particulièrement pittoresque et imagée et on l'a souvent comparée à la poésie, pour voir dans le peuple la source d'un génie linguistique à l'état naissant. J'ai déjà dit ailleurs ce qu'il fallait penser de cette idée à mon avis très fausse (cf. mon *Argot*, p. 41).

Le poète, en effet, invente des images, toujours nouvelles (au moins les grands poètes), le peuple en fabrique, en grande quantité il est vrai, mais à partir d'un très petit nombre de modèles.

On est d'accord sur l'existence de modèles morphologiques : *rasoir* est formé sur la série *battoir, hachoir, buttoir*, etc., alors qu'on pense généralement que chaque image est le résultat d'une création, née d'une expérience originale, une sorte de fleur linguistique qui s'épanouit *hic et nunc* au contact de la réalité.

Si tel est bien le cas des images poétiques il en est tout autrement des métaphores populaires.

J'ai montré ailleurs, dans mon *Argot*, dans mes *Locutions françaises* et tout particulièrement dans mon *Etymologie*, que les images populaires se greffaient sur des séries synonymiques fondées sur des métaphores archaïques. Lorsque j'emploie *théière* dans le sens de tête, j'invente bien un mot, mais non une image, car je pars du modèle *cafetière, bouillotte, pot..., testa* (« pot » en latin).

Considérons, à titre d'exemple, les désignations de la « femme » ; et laissons de côté les hypocoristiques pour ne considérer que la série, combien plus vaste et plus importante, des termes dévalorisants.

J'en ai relevé plusieurs dizaines (et il y en a sans doute des centaines) qui se ramènent tous à deux images fondamentales : *la rosse* ou *la souillon*. La *rosse*, c'est-à-dire le « vieux cheval » ; la *souillon*, c'est-à-dire la « guenille à essuyer la vaisselle ou laver le parquet ».

La *rosse* désigne un mauvais cheval d'où les sens métaphoriques de fainéantise et méchanceté ; mais parmi ces métaphores, la plus ancienne est celle de *rosse* « vieille femme décrépite » (1550). C'est la même image qu'on retrouve dans *carne* et son doublet *carogne*, *charogne*, qui désignent à la fois un « vieux cheval » et une « femme méchante » avec des nuances qui vont de « vieux » à « maigre, chétif », « paresseux, sans énergie », enfin « rétif, méchant ».

Nous appelons *haquenée*, *haridelle* ou tout simplement *grand cheval* une grande femme maigre, mal faite, dégindangée et désagréable. Cette image prolifère dans les patois où *bringue*, *bique*, *bidelle*, *carcan*, *grolle*, *catau*, *bécasse*, *gode*, etc., désignent à la fois « un mauvais cheval » et « une grande fille maigre, stupide, paresseuse... ».

L'argot assimile systématiquement la catin au cheval à travers des mots du type : *galière*, *bourdon*, *bourrin*, *vache*, *poule*, *cocotte*, etc.

On aperçoit la source et les composantes de l'image : le paysan a une femme et un cheval, tous deux usés sous le travail et les coups et dont le caractère s'aigrit avec l'âge. La femme est un « animal domestique » dont la condition objective est voisine de celle du cheval et les relations affectives qui découlent de cette situation sont dans les deux cas très voisines.

La seconde image est celle du *souillon* qui est au sens premier le « torchon de cuisine » qui sert à laver la vaisselle ou le parquet. Les provinces et chaque corps de métier possèdent un terme propre pour désigner le « torchon » ; il en existe des dizaines et on peut dire, sans crainte d'erreur, que la grande majorité, la quasi-totalité de ces mots désignent « la femme sale, avachie, paresseuse ». On a *souillon*, *torchon*, *chiffon* et *chife* (cf. *Marie-torchon*, *Marie-chiffon*) ; et les innombrables dérivés augmentatifs et péjoratifs d'origines dialectales : *panne*, *patte*, *pétas*, *peille*, *bouchon* (de paille).

Ainsi *panoufle*, *panosse* signifient également « torchon, guenille » et « vieille femme déguenillée » ; *pate*, *patasse*, *patache* « chiffon à vaisselle » (cf. patte-mouille) et « femme malpropre ».

Buson, *boisson* « linge à laver la vaisselle » et « femme malpropre ».

On retrouve le même sémantisme dans *acvillon*, *gouvillon*, formes dialectales d'*écouvillon*.

L'étymologie d'un mot comme *vadrouille* s'éclaire, une fois replacée dans cette perspective. Le mot est un terme technique et désigne un tampon de laine attaché à un long manche, qui sert à nettoyer le pont des bateaux et, secondairement, « une fille des rues, une drôlesse ».

C'est à partir de ce premier substantif qu'on a construit un verbe *vadrouiller*, « courir les filles », d'où on a tiré un nouveau substantif déverbal, *la vadrouille*. On voit les composantes de ce sémantisme : au chiffon est liée l'idée de mollesse, à la guenille celle de négligence, au torchon, celle de saleté ; c'est l'image de la ménagère épaisse et débraillée qui traîne en savates dans un caraco graisseux ; telle la voient son mari, ses voisins. Image aux traits poussés, sous la pression d'une charge affective dénigrante et caricaturale, qui est une des constantes de la vision populaire.

C'est pourquoi ce langage est certainement très imagé. Mais encore faut-il bien voir la nature et les limites de cette « imagination » qui travaille à partir de modèles et d'archétypes.

Nous disions plus haut qu'un mot comme *boxeur*

n'était pas créé par la combinaison du verbe *boxer* et du suffixe *-eur*, mais que *boxer* était replacé dans la série *danser/danseur*, *chanter/chanteur*, c'est-à-dire dans un paradigme morphologique.

Or la création sémantique (par changement de sens) ne procède pas autrement ; *vadrouille*, « écouvillon », prend son sens de « drôlesse » par intégration à la série *torchon*, « femme veule et malpropre ».

Ces figures synonymiques sont généralement considérées comme une particularité de l'argot ; pour ma part je suis persuadé qu'elles ont un caractère général : toutes les métaphores de la langue se rattachent à quelque modèle fondamental. C'est la tâche de la lexicologie d'en reconnaître les formes et d'en dresser un inventaire.

En attendant on se contentera de relever ici que presque toutes les notions — d'ailleurs pauvres et peu nombreuses — qui constituent le lexique populaire s'expriment sous des formes métaphoriques. La prolifération des synonymes donne une impression de richesse, de fécondité, alors que l'étude des séries synonymiques montre qu'il n'y a qu'un nombre très limité d'images fondamentales ; très anciennes, constamment renouvelées dans leur forme, mais immuables dans leurs composantes sémantiques. C'est un langage non point d'artistes créateurs, mais d'artisans qui recopient les même modèles.

Ces protosémantismes attestent une sensibilité vigoureuse, active, mais pauvre et enfermée dans une vision qui dégrade et dévalorise le monde. Vision qui est résultante à la fois d'une inculture et d'une condition historique. Mais, afin de ne pas me répéter, je ne puis mieux que renvoyer le lecteur à mon *Argot* où j'ai déjà traité ce problème (cf. chap. II, pp. 40-54).

Chapitre V

LA PRONONCIATION

De tous les traits de langue qui reflète l'appartenance de l'individu à un milieu social et culturel, la prononciation est le plus caractéristique En effet s'il peut avec quelque attention, épurer son vocabulaire ou sa syntaxe, c'est très difficilement qu'il se débarrasse de ce qu'on appelle (très improprement (1) son « accent » (faubourien, méridional, etc.) ; et il a peu de chance d'y parvenir tant qu'il reste dans son milieu.

Aussi la prononciation est-elle particulièrement significative ; c'est la raison pour laquelle nous sommes si sensibles à ses variations.

Mais quels sont les caractères de la prononciation populaire ? Ou, en tout cas, quelles en sont les composantes élémentaires ? Car dans le détail elle présente une multiplicité de degrés : commune, vulgaire, basse, crapuleuse, etc., sur lesquels se gref-

---

(1) Pour le linguiste et le phonéticien l'accent est le renforcement d'une syllabe du mot ou de la phrase, qui se trouve ainsi mise en évidence. L'accent peut être marqué par l'intensité expiratoire, par la hauteur (grave ou aiguë), par la quantité ou durée de l'émission.

L' « accent » parisien ou breton, etc., est donc tout autre chose ; il est déterminé par tout un ensemble de variations prosodiques et articulatoires.

fent toutes les variations individuelles : molle, énergique, hésitante, décidée, etc. (1).

Le plus simple est d'aborder ce problème à partir d'un exemple.

Je prendrai une phrase citée par Henri Bauche dans son *Langage populaire* et qui constitue à vrai dire une forme particulièrement dégradée du bas langage :

Aor, pa, tu i (d)i (d)o-moi (l)a (l)èt, h'é moi (q)eù j(l)a po(r)te au (p)a(tr)on.

Ce qu'il faut traduire par : « Alors, n'est-ce pas, tu lui dis : donne-moi la lettre, c'est moi que je la porte au patron. »

On voit que la ligne sonore est entièrement écrasée ; la plupart des phonèmes sont à peine articulés ; nombre d'entre eux sont altérés et certains entièrement syncopés (2).

Des mots sont tronqués : *n'est-c'pas* > *pa* ; des phonèmes s'amuïssent : *alors* > *aor* ; *c'est moi* > *h'émoi* ; d'autres sont assimilés : *don'moi* > *do' moi*.

Enfin la plupart des consonnes (celles qui sont notées entre parenthèses) montrent un relâchement de l'articulation : *dis* > *(d)i*.

Lorsque le français prononce *d*, il porte la pointe de la langue en avant au contact des dents supérieures, assurant ainsi la fermeture du canal phonatoire, et la retire ensuite en arrière après un bref

---

(1) On a pour des raisons d'exposition réuni en un chapitre les faits relatifs à la prononciation ; mais ils trouveraient leur place dans le corps des différents chapitres où les phénomènes sont groupés fonctionnellement : réduction analogique des formes savantes ou figées ; évolution de l'*e* caduc ; prononciation expressive...
(2) Il faut tenir compte d'ailleurs du fait que certaines de ces syncopes sont normales, en particulier celles de l'*e* « muet ». On dira très correctement dans la langue commune : *donn'moi, j'la porte* et à la limite *la let'* (la lettre).

temps d'occlusion. Dans ce mouvement la langue est tendue, la pointe dardée, l'appui sur les dents est franc et le retrait net.

Le français est une langue qui présente une articulation tendue d'où des sons nets, bien découpés, « sans bavures ». Mais si la langue et la caisse de résonance formée par les joues et les lèvres sont molles, si la pointe est hésitante, l'occlusion paresseuse, le son se voile d'harmoniques qui en obscurcissent et en effritent les contours ; ce que l'auteur a noté ici sous la graphie *(d)*, *(p)*, *(r)*, etc.

A la limite le relâchement de l'articulation peut entraîner l'amuïssement (effacement) du phonème : *alors* > *aor* ; *envie* > *en'î*, etc.

Derrière tous ces phénomènes on retrouve donc une même cause qui est le relâchement de la tension articulatoire. Cause d'autant plus importante et active que le français entre toutes les langues est un idiome qui présente une articulation particulièrement tendue qui lui donne sa netteté.

Ce relâchement de la tension articulatoire a pour conséquence un affaiblissement des phonèmes qui sont ainsi plus fragiles, plus instables et plus vulnérables ; or, particulièrement vulnérables sont les sons et combinaisons de sons qui n'appartiennent pas au système de la langue, ce qui est le cas, en français, des mots d'origine savante et étrangère ; le cas aussi des mots qui, tout en appartenant au fonds héréditaire, ont vu leur évolution phonétique figée par l'intervention arbitraire des doctes.

Il en résulte que la prononciation populaire représente un français livré aux lois naturelles de son évolution et qui digère les apports étrangers et savants pour les ramener aux normes et aux modèles du système indigène. Je parle ici d'une *bonne* prononciation populaire et non de ces formes du plus bas langage, que nous venons d'examiner et qui n'ont été choisies que pour la valeur didactique d'un écart hypertrophié.

Ainsi la prononciation populaire retrouve les lois naturelles d'une évolution qui est ailleurs contrecarrée par l'école et les réactions du milieu. Libérée des contraintes de la norme savante, la langue est abandonnée au « principe du moindre effort ». Mais il n'est pas inutile de relever que cette notion souvent invoquée par la linguistique ne doit pas être définie dans les termes d'une physiologie immédiate. La difficulté de prononcer un son ne tient pas — ou en tout cas ne tient pas essentiellement — à sa nature phonique ; car alors il faudrait supposer que les Anglais ou les Tchèques font plus d'effort que nous pour parler. Est difficile une forme étrangère au système de notre langue et dont cette dernière ne nous offre pas de modèle. C'est pourquoi « le moindre effort » tend à laisser glisser les formes étrangères dans les matrices de l'idiome selon la pente des grandes tendances qui en modèrent l'évolution historique.

Parmi ces tendances les plus caractéristiques sont : la caducité de l'*e* dit « muet », la réduction des groupes de consonnes, les liaisons et accessoirement un certain nombre d'accidents phonétiques.

Relevons aussi, avant d'aborder l'étude de ces faits, qu'ils sont en général masqués et déformés par notre orthographe traditionnelle.

Le romancier qui écrit : *un p'tit ch'min* ou *Mad'moisel' Julie* a sans doute l'impression de reproduire un parler vulgaire alors que ces graphies correspondent à une prononciation parfaitement normale et correcte.

D'une façon générale, beaucoup de faits attribués à la langue populaire appartiennent à la langue commune et les deux parlures sont sans doute moins éloignées l'une de l'autre qu'on ne le pense ou qu'on ne le dit trop souvent. On nous enseigne à l'école une langue littéraire et écrite qui ne correspond pas à la réalité de notre parler quotidien ; et c'est ce dernier seul qui doit être pris comme système de référence si l'on veut objectivement décider des caractères du français populaire.

I. — L' « e » caduc
et la règle des trois consonnes

L'*e* caduc, improprement dit « muet », est un *e* sourd, moyen (ou central) ; c'est le phonème que nous prononçons dans ; je crois, le crabe, etc., un son assez voisin de l'*e* de j*eu* ou f*eu*... Son originalité est qu'il est prononcé dans certaines conditions alors que dans d'autres il s'efface par syncope.

L'*e* muet est la voyelle « centrale » par son degré d'ouverture et par son point d'articulation ; c'est aussi la voyelle minimum, celle vers laquelle tendent toutes les autres lorsqu'elles s'affaiblissent et perdent leurs caractéristiques phonétiques. A mesure que ce procès d'affaiblissement se poursuit l'*e* moyen tend à s'amuïr.

C'est ce qui a eu lieu au cours de l'évolution du français. Dans la langue archaïque l'*e* moyen était prononcé ; on disait un*e* p*e*tit*e* fill*e* comme on le dit encore dans le Midi ou dans la diction archaïsante du vers classique.

Peu à peu l'*e* a cessé d'être prononcé, plus ou moins tôt selon sa position. Aujourd'hui le procès est à peu près achevé ; il n'y a plus d'*e* moyen et on dit *un tub (e), le ch(e)min,* etc. Ceci est vrai pour le mot considéré isolément et abstraitement ; toutefois à l'intérieur de la phrase et selon l'entourage l'*e* moyen est maintenu dans un certain nombre de cas. On dira par exemple : *un' petit' fille, la p'tit' fille*, etc. Où l'on voit que la caducité du phonème ne dépend pas du mot mais de son entourage. La fonction de l'*e* est d'éviter la formation d'un bloc de consonnes (cf. *infra*, p. 100).

Le français est une langue qui alterne les voyelles et les consonnes ; il proscrit l'hiatus et réduit par assimilation les groupes consonantiques. Dans le discours il refuse la succession de trois consonnes. D'où la conservation de l'*e* dans la phrase selon la règle des « trois consonnes » formulée par Maurice Grammont.

Sous sa forme simplifiée — très simplifiée comme on le verra — la règle admet que lorsque plusieurs *e* précèdent une syllabe accentuée (celle-ci portant le numéro 1) on remonte la chaîne du discours en élidant tous les *e* sourds portant un numéro pair. Selon le schéma suivant (1) :

```
     5    4    3    2    1
                    j'   dis
              je   l'   dis
         j'   te   l'   dis
    je   n'   te   l'   dis
```

Il est bon d'ajouter qu'il y a là une loi générale qui n'est pas un trait spécifique de la langue vulgaire comme semblent le croire certains auteurs popu-

---

(1) Règle approximative comme l'attestent de nombreux exemples qu'on pourrait facilement lui opposer et le chapitre consacré à cette question par le *Traité de Prononciation française* de FOUCHÉ, chapitre de 50 pages qui groupe plusieurs milliers d'exemples en une centaine de « formules ».

Il y montre que la syncope dépend étroitement de l'articulation des consonnes en contact et que, d'autre part, pour des combinaisons identiques le locuteur dispose de plusieurs variantes. C'est ainsi qu'il admet indifféremment : *je l'ferai* et *j'le f'rai* ; *je m'demande j'me d'mande*.

Des causes secondaires amènent souvent des écarts ; ainsi à côté de *je l'dis* conforme à la règle on trouve *ell' le dit* qui est sans doute plus intelligible que *elle l'dit*.

Toutes ces réserves n'enlèvent en rien de sa valeur à la règle des trois consonnes.

listes — romanciers ou poètes — qui entendent faire réalistes en remplaçant l'*e* moyen par une apostrophe d'une façon souvent erratique. Si le français commun et le français populaire diffèrent dans ce domaine c'est sans doute dans leur préférence pour certaines variantes parmi les nombreuses formules possibles. Mais ce problème à ma connaissance n'a jamais été étudié ; on fait « populaire » à coups d'apostrophes comme Balzac fait alsacien à coups de *b* et de *p*.

Ceci dit il est assez évident que le style élevé et soigné tend à conserver, souvent artificiellement, des *e* moyens qui seraient normalement élidés dans la langue familière ; et plus le ton se vulgarise plus il tend à l'élision.

Le français populaire d'autre part fait un emploi original de l'*e* comme son transitoire dans un bloc consonantique.

Lorsque nous disons *un film d'art* ou *un infect cigare*, nous violons la règle des trois consonnes ; ceci est une servitude de la langue cultivée (la plupart de ces blocs résultent en effet de mots savants ou étrangers : *infect*, *film*, etc.) où la phonétique est violée au profit de l'étymologie ; car si on consent, pour les besoins du rythme, à rappeler un *e* déchu, on se refuse à en introduire un là où il n'a jamais existé.

L'oreille populaire est moins savante mais plus sensible. Elle exige : *un filme d'Art*, *un infecte cigare*, *Felisque Faure*, *un ourse blanc*...

L'introduction d'un *e* transitoire permet par ailleurs de débloquer les nœuds consonantiques à l'intérieur d'un mot. On prononce : *exeprès*, *obestiné*, *lorseque*, *parceque*.

Ce déblocage peut même s'attaquer à des groupes de deux consonnes, mais étrangers aux normes de l'idiome : ainsi *svelte* devient *sevelte* ; *statue* devient *estatue*, conformément d'ailleurs à une loi générale du français. Mais ici la langue dispose d'une autre solution : la réduction des groupes consonantiques par assimilation : *obstiné* > *obestiné* ou *ostiné*.

II. — L'assimilation des consonnes

La réduction des groupes de consonnes par assimilation est une des lois essentielles de notre phonétisme. Ces groupes, très nombreux en latin, ont tous été réduits en français.

Dès les origines, des formes du type *advenire*, *obscurum* passent à *avenir*, *oscur*, etc. L'ancien français connaît des formes *feste*, *estable*, etc., mais là encore l's est assimilé par la consonne subséquente.

Il en est de même pour les affriquées conservées par l'italien ou l'anglais ; l'évolution linguistique réduit des formes comme *cent*, *juge* (en ancien français *tsent*, *djudje*, etc.).

Dans des mots comme *conte*, *lampe*, l'*n* ou *m* étaient sentis autrefois et on prononçait *con-nte*, *lam-mpe*. Il s'est amuï chaque fois qu'il s'est trouvé devant une autre consonne.

On voit combien le phénomène est général. Les seuls groupes admis sont les combinaisons d'une liquide avec une autre consonne : *table*, *quatre*, *arme*, *halte*, etc. Ces phonèmes sont des semi-voyelles et d'ailleurs assez instables.

La langue populaire se conforme à cette loi et dit : *ostiné*, *ezamen*, *esplosion*, *pasque* (parc'que), *congession* (congestion).

On remarquera d'après ces derniers exemples que l'assimilation qui est essentiellement régressive en ancien français (elle s'exerce d'arrière en avant, c'est la première consonne qui est assimilée), devient ici plus erratique (elle est progressive dans *congession*).

C'est le cas pour les exemples qui suivent et qu'on ne saurait ramener à des lois ; tous attestent, en tout cas, la tendance à réduire les groupes de consonnes, en particulier à la finale. Voici quelques exemples caractéristiques :

> Le groupe occlusive + liquide > occlusive : *pauv'*, *aimab'*, *quat'* — loi générale et d'ailleurs très fréquente dans la langue familière.
> Le groupe *kt* > *t* : *insèque*, *intaque*, *architèque*, *compaque* (compact), *strique* (strict), etc.
> Les groupes *st* et *str* > *ss* : *congession*, *Augusse*, *indigesse*, *illusse*, *orchesse* ; mais *prétexte* donne *prétesque*.

Ce problème de l'assimilation des groupes consonantiques est lié à celui de l'*e* caduc. La syncope, en effet, entraîne le contact de deux consonnes. Dans ce cas il y a en français assimilation de sonorité ; la seconde consonne, sourde ou sonore, modifie la voix de la première ; ainsi le français écrit *obscur*, *abcès*, mais prononce *apcès*, *opscur*, etc.

Il y a de même assimilation de sonorité dans les cas où la caducité de l'*e* sourd amène deux consonnes en contact. Ainsi on écrit *jeter* mais on prononce *ch'ter* ; on écrit *médecin* mais on prononce *met'sin*.

La langue populaire obéit évidemment à ces règles, mais elle va beaucoup plus loin et, dans de nombreux cas, il peut y avoir assimilation complète conformément à la loi héréditaire. On a ainsi : *mademoiselle* > *mad'moiselle* > *mamoiselle* ; *celui-ci* > *c'lui-ci* > *çui-ci*, etc.

Il est remarquable que dans les cas où la réduction du groupe n'a pas lieu on observe parfois une prononciation hypercorrecte. Lorsqu'il dit *obscur* et non *oscur*, le populaire prononce souvent le mot avec un *b* et non avec un *p* (prononciation normale). C'est ainsi qu'on relève *abcès* (avec *b*) et même *abzès* dans lequel la sonorité indûment préservée se porte en avant. C'est que ces mots sont des formes lues au même titre que ces dom*p*ter, scul*p*ter dans lesquels on entend si souvent la consonne régulièrement muette.

La caducité de l'*e* et l'assimilation des groupes consonantiques ont leur source, comme on l'a dit, dans un relâchement de la tension articulatoire. Cet affaiblissement peut affecter certains phonèmes ; le *v* intervocalique par exemple, et on rencontre des formes comme : *caalier* (cavalier), *aoir* (avoir), *oroir* (au revoir) ; évolution qui, relevons-le encore une fois, est conforme au modèle historique : *pavorem* > *paor* > *peur*.

De même, le groupe *ly* tend à se réduire à *y* dans : *miyard* (milliard), *escayer* (escalier) ; *ny* passe à *gn* : *pagnier* (panier), *douagnier* (douanier).

Enfin cette réduction phonétique se poursuit dans les formes les plus adultérées de la prononciation vulgaire et le mot est alors écrasé par la syncope de syllabes entières : *Mad'moisel'* > *mamsel* ; *maman* > *man* ; *monsieur* > *msieu*.

Il s'agit d'appellatifs à haute fréquence, et partant faiblement accentués (cf. l'exemple historique d'un mot comme *senior* réduit à *sire*).

Toujours pour la même raison on relève la fragilité (héréditaire) des mots grammaticaux : adverbes, pronoms, etc. Cf. *voilà* > *v'là* ; *n'est-ce-pas* > *spa* > *pa* ; *il y a* > *y a*, etc. (cf. pronoms, p. 42).

Syncopes des voyelles atones et réduction des groupes consonantiques constituent les caractères les plus remarquables de la prononciation populaire. Elles obéissent, comme on l'a dit, aux lois phonétiques de l'idiome et loin d'en troubler l'équilibre elles tendent au contraire à lui rendre son unité, en dépit de connotations stylistiques équivoques.

Elles visent à assimiler et à digérer les apports étrangers de la langue savante et il est remarquable qu'elles n'introduisent pas de sons nouveaux dans l'idiome et qu'elles en respectent les articulations élémentaires. C'est la ligne du discours qui est modifiée et non la forme du phonème isolé. En dehors d'altérations stylistiques dont il sera parlé plus bas.

III. — Accidents phonétiques

Accidents et non lois, car ces métathèses, ces dissimilations, ces agglutinations n'ont pas le caractère général des lois qui gouvernent l'*e* caduc ou la réduction des consonnes. Mais accidentels, ces phénomènes n'en restent pas moins conformes, comme on le verra, au génie de la langue.

1. La métathèse est le déplacement d'un son à l'intérieur d'un mot. Ainsi *formage* passe à *fromage*, *berbis* à *brebis*.

La métathèse des liquides *(r, l)* est très fréquente et on en trouve de nombreux exemples dans la prononciation populaire : *overier* (ouvrier), *palfernier*, *auterfois*, *fanferluche*, *corcodile* (crocodile), etc.

Quasi générale est aussi l'interversion du groupe *ks* > *sk* dans des mots comme : *lusque* (luxe), *sesque* (sexe), *risque* (rixe), *prétesque* (prétexte), *Felisque* (Félix), etc.

Il y a souvent métathèse de deux phonèmes d'articulations voisines : *duchesse* > *dussèche*, *crocodile* > *cocrodile*, etc.

D'autres interversions de sons, plus isolés, ont de toute évidence pour fonction d'éliminer des combinaisons phonétiques étrangères à la langue. Ainsi *aéro* > *aréo* est soutenu par un modèle : *Léo, géo*.

De même *hypnotisme* passe à *hynoptisme* soutenu par des mots tels qu'*optique*, *elliptique* alors que le *pn* est isolé.

2. **La dissimilation** (et l'assimilation) est le changement d'articulation d'un phonème au voisinage d'un phonème identique ; ainsi le latin *peregrinum* passe à *pelegrinum* et au français *pèlerin*.

De même que la métathèse elle affecte particulièrement les liquides *(r, l)* : *collidor*, *célébral*, etc.

Fréquente aussi est la dissimilation des groupes *ch/ch* ou *ch/ge* en *s* : *changer* > *sanger* ; *chirurgien* > *sirurgien* ; *chercher* > *cercher* (1).

Des formes comme *éfant* (enfant), *estant* (instant), *estruction* (instruction) pourraient être aussi considérées comme des cas de dissimilation des nasales.

Dans certains mots il semble que la dissimilation se soit produite au contact de l'article. Sur le modèle historique : *le liveau* > *le niveau*, *le lombril* > *le nombril*, le français populaire dit : le *rendemain* (le lendemain), les *nentilles* (les lentilles).

Ces phénomènes toutefois sont peut-être spontanés car *r*, *l*, *n* sont souvent interchangeables ; par exemple dans : *caneçons* (caleçons), *panetot* (paletot), *canepin* (calepin), ainsi que *cintième* (cinquième), ce qui correspond, encore une fois, à une des plus anciennes loi du phonétisme français.

3. **L'agglutination** soude à son article un mot commençant par une voyelle. On a ainsi d'une part : *l'ierre* > *lierre*, *l'ivel* > *livel* et inversement par

---

(1) Beaucoup de prononciations populaires correspondent à des formes anciennes : *berbis*, *berouette*, *cercher*, *oscur*, sans qu'il soit toujours possible de décider s'il s'agit d'archaïsmes ou d'accidents modernes. C'est ainsi que *cercher* est la forme étymologique attestée en ancien français et donc *chercher* représente une assimilation accidentelle.

désagglutination : *l'agriote* > *la griote*, *m'amie* > *ma mie*.

Le français populaire offre de nombreux exemples des deux phénomènes : le *lévier* (l'évier) ; *mon petit nange* (un ange), *un zoiseau* (les oiseaux) ; *des nœils* (d'après un œil) ; au second *rabord* (d'après le premier abord).

La plupart de ces faits, d'ailleurs, semblent conscients et ironiques. La désagglutination, en revanche, paraît plus spontanée ; Frei en cite plusieurs exemples :

> Elle va toucher sa *location* à la mairerie (allocation).
> Passe-moi les *lastiques* (élastiques).
> Les *pluchures* (épluchures ; cf. aussi : les *pluches*).
> Un *nimatique* petit bateau (énigmatique).

4. Changements d'aperture vocalique. — Sous l'influence d'une liquide *(r, l)* il arrive qu'une voyelle change d'aperture, soit qu'elle s'ouvre *(e > a, ou > o)*, soit qu'elle se ferme *(a > e, è > é)*. Ce phénomène est conforme à l'évolution historique : *larme* remonte à un ancien *lerme* et *chair* à un ancien *char* ; de même *soleil*, *colombe*, *portrait*, etc., représentent *souleil*, *coulombe*, *pourtrait*, etc.

D'où en français populaire la prononciation *ar > er* qu'on trouve dans *Montmertre*, *Mérie* (Marie), *overier* (ouvrier).

Le pronom *elle > êl'* s'ouvre souvent en *al* : *al m'a dit* qui après réduction du groupe consonantique devient : *a m'a dit*.

IV. — Liaisons, cuirs et velours

L'étude des liaisons en français populaire doit être replacée dans la perspective de la norme bourgeoise, car celle-ci ne fait pas automatiquement ni toujours la liaison.

Ce phénomène, on le sait, consiste à prononcer devant un mot commençant par une voyelle, une consonne finale muette en dehors de cette condition. Ainsi on a : *le premie(r) janvier/le premier avril ; du bo(n) temps/ du bon air*, etc.

Nos règles de liaisons découlent de la réduction des groupes consonantiques. Ainsi, dans *bonté, feste* l'*n* et l'*s* sont assimilés par la consonne subséquente. Il en est de même dans *un bon garçon, de belles filles* où l'*n* et l'*s* sont suivis d'une consonne. D'autre part, dans *il est bon, aussi je l'admire, elles sont belles, aussi...* l'*n* et l'*s* sont muets parce que *bloqués* par la pause et sans contact avec la voyelle du mot suivant.

La liaison implique donc à la fois l'initiale vocalique du second mot et une relation syntaxique étroite entre les deux termes qui, en fait, forment un seul « mot » (un syntagme) à l'intérieur duquel la consonne finale du premier terme se trouve placée entre deux voyelles et donc prononcée.

On dira donc : *des femmes en sabots* avec liaison du fait qu'*en sabots* est syntaxiquement lié à *femmes* dont il est le déterminant ; mais : *des femmes, en sabots pour la circonstance, dansaient la bourrée*, sans liaison, du fait qu'*en sabots* est un déterminant de *dansaient* et sans relation directe avec *femmes*.

La liaison phonétique est la marque d'une liaison syntaxique ; elle a pour fonction d'intégrer les deux termes d'un syntagme.

Dans ces limites, d'ailleurs, elle est loin d'être générale et varie avec le style. Une langue soutenue, oratoire, exige des liaisons dont le ton familier de la conversation s'accommoderait mal.

Ceci dit la liaison est réduite au minimum dans le français populaire ; on ne la fait que dans les syntagmes fermés qui soudent le mot principal (substantif ou verbe) à ses déterminants spécifiques (articles, adjectifs pronominaux, pronoms).

On dit donc : *des amis, un ami, mes amis ; vous êtes venus, ils arrivent*, etc. Mais : *le premie(r) avril, je sui(s) arrivé, il e(st) abruti*, etc.

On fait quelquefois aussi la liaison avec certains adjectifs antéposés du type *bon, vieux*, etc., qui ont une valeur spécifique et sont étroitement liés aux substantifs et on dit : *des bons amis, des grands enfants*, etc., mais *des ami(s) aimables* (sans liaison).

Telle est la règle générale — très générale car il y a mille nuances —, et on chantera par exemple dans le style noble : « *le sank impur* et *le jour de gloire est arrivé...* ». L'usage varie aussi avec le niveau culturel des individus, sans parler des fausses liaisons dont il sera question dans un instant.

On peut toutefois conclure qu'en français populaire on ne fait plus la liaison et que cette dernière a perdu sa fonction qui est de marquer dans le discours les limites du syntagme autonome.

Mais de la survivance des liaisons dans le syntagme étroit (qui lie le terme principal à ses morphèmes) est sortie une nouvelle et originale fonction : la liaison devient une marque de pluralité.

On sait, en effet, qu'en français parlé le pluriel a, par suite de l'amuïssement des consonnes finales, été transféré de la désinence sur le déterminant spécifique (cf. ma *Syntaxe du français*, p. 33) : dans *les mouches, les amis*, c'est l'article qui porte la marque du pluriel et non l's final qui est muet. Or, en français populaire les mots commençant par une voyelle forment leur pluriel à l'aide d'un *z* initial : *des amis = dé zami ; ils aiment = i zaim'*.

Dans un tour du type : *quat'zofficiers*, le *z* marque non la pluralité de *quatre* mais celle d'*officiers*.

Ce genre de faute ne doit pas être confondu avec les *cuirs* (insertion abusive d'un *t*) et les *velours* (insertion abusive d'un *z*).

Ces fausses liaisons correspondent souvent à des hypercorrections dans la bouche de gens qui ont le sentiment vague de la présence de liaisons dans la langue des gens instruits et qui, par souci de distinction, collent des *z* et des *t* à tort et à travers.

Mais ces fautes peuvent avoir une fonction phonétique dans la mesure où elles constituent des « sons transitoires » destinés à amortir un hiatus. Les exemples historiques ne manquent pas ; par exemple le développement d'un *t* dans chante-t-il ? — Celui d'un *jod* dans *mayonnaise* (< mahonnaise), d'un *w* dans *pouvoir* (< *pooir*).

De ces différents phénomènes, Frei relève une abondante collection d'exemples :

> *Moi-z-et lui ; donnez moi-z-en ; moi-z-aussi ; donne lui-z-en ;*
>   *fous lui-z-y sur la gueule ; va-z-en chercher,* etc.
> *Malgré-z-eux ; parmi-z-elles ; peu-z-à peu ; les-z-haricots,* etc.
> *J'ai-z-eu quat'z-enfants ; j'ai-z-été-z-aimé,* etc.
> *Il va-t-et vient ; il faudra-t-aller,* etc.
> *Un bayut* (bahut) ; *une cayute* (cahute) ; *du cayoutchouc* (caoutchouc), etc.
> *La-v-où* (là où) ; *j'ai vu bien des malheurs* (j'ai eu), etc.

Ces phonèmes jouent le rôle de tampons phonétiques et nous introduisons un jod transitoire dans des mots comme *théière, caféier,* etc. Un enregistrement phonographique un peu fin montrerait sans doute qu'il y a des éléments de transition dans la prononciation correcte de *j'ai eu, tu arrives,* etc.

V. — Les mots étrangers

On a vu que le principal problème de la phonétique populaire était celui de l'intégration des mots savants. Ce même problème, *mutatis mutandis,* va être posé par les mots d'origine étrangère, car les mots savants sont bien les corps étrangers dans le système linguistique indigène.

Ceci dit, le mot d'origine étrangère est évidemment beaucoup plus étrange et son assimilation d'autant plus délicate. Il faut distinguer deux situations selon que l'emprunt est d'origine orale ou écrite.

Le premier cas est le plus fréquent dans le passé, époque pour laquelle nous ne disposons malheureusement pas de documentation directe sur les emprunts populaires ; mais le développement de mots comme *estrelin* (sterling), *Bouquinquant* (Buckingham), *boulingrin* (bowling-green), *redingote* (riding-coat), etc., nous permet de reconnaître les lois d'un procès qui réduit spontanément aux normes du système indigène des formes entendues, répétées et déformées sans réaction du milieu.

Nous nous trouvons aujourd'hui en présence d'une situation toute différente et toute nouvelle. Ces mots pénètrent par la presse et, en conséquence, par voie écrite ; si certains sont transmis oralement c'est par l'intermédiaire de la langue cultivée, ou semi-cultivée, ou pseudo-cultivée, — autre problème ; il y a enfin la radio. Je ne reviendrai pas ici sur le « franglais » et ce que j'en ai dit dans *Les mots étrangers* (« Que sais-je ? », n° 1166) auquel je renvoie le lecteur.

Mais pour rester au niveau du français populaire, constatons que pour la plus grande partie les mots anglais et anglo-américains qui envahissent aujourd'hui la langue des sports et des techniques domestiques nous parviennent par l'intermédiaire de la presse, et qu'on les prononce à la française, tels qu'on les voit écrits (à l'anglaise). On dit du *gasoile* (gas oil) prononcé comme « toile », les *vatères* (water), *quenokoute* (knock-out), etc.

Certains emprunts posent des problèmes, telle la longue série des mots à finale -*ing* : *camping*, *meeting*, *smoking*, *parking*, etc. La prononciation cultivée reproduit, plus ou moins approximativement, la phonie anglaise sous la forme -*inge* ($i + n$ vélaire) ; le populaire hésite entre -*inge* (comme *singe*) et -*ingue* (comme *seringue*).

VI. — L'orthographe

Sur l'orthographe populaire il n'existe pratiquement rien. Je n'ai, en tout cas, rien trouvé. Ce qui est d'autant plus paradoxal que toutes nos sources sont écrites.

Mais les transcriptions des romanciers et poètes populistes sont évidemment sans valeur quant à l'orthographe. Seule la correspondance d'illettrés constitue un document authentique et pertinent. Il est dommage qu'elle n'ait jamais été analysée d'une façon systématique.

Il est vrai qu'à la parcourir on ne peut qu'y constater la plus extrême confusion et la plus complète anarchie ; la plus extrême variété aussi. Outre le mépris dans lequel a été jusqu'ici tenue l'étude de l'idiome populaire, cette situation n'a pu que décourager la recherche dans l'ambition qu'a toute science d'identifier, de définir, de classer et d'interpréter des faits qui se présentent ici comme une masse amorphe qu'on peut désespérer de réduire à quelque principe logique.

En déplorant cette carence et en formant le vœu qu'il y soit remédié, on observera que le problème de l'orthographe populaire se pose en des termes différents de celui de la prononciation.

Cette dernière, en effet, repose sur l'existence d'une langue, d'un système autonome qui absorbe et intègre ces éléments étrangers que sont pour lui les créations des doctes et des écrivains.

La prononciation populaire a une existence, une origine, une histoire et des lois ; elle n'est pas une altération ni une dégradation de la prononciation bourgeoise.

L'orthographe populaire, en revanche, n'existe pas. Le peuple fait dans sa famille et dans son milieu l'apprentissage de sa langue ; mais il n'apprend pas à la transcrire et lorsqu'il veut le faire il ne dispose que de l'orthographe bourgeoise. Or celle-ci est parfaitement arbitraire et conventionnelle ; elle n'assure sa fonction qu'au prix d'un long apprentissage et d'une constante coercition. Cette absence de structure et de régulateurs fonctionnels naturels élude toute logique, tout repère mémoriel pour celui qui ne l'a pas apprise et tente de l'utiliser naïvement. D'où l'incohérence de l'orthographe populaire dont je persiste cependant à croire qu'elle mériterait une étude.

VII. — L'expressivité

Nous avons pu jusqu'ici définir un état de la prononciation populaire qui s'identifie par des caractères articulatoires spécifiques ; la syncope des voyelles, l'affaiblissement et la réduction des groupes de consonnes sont les plus évidents. Il est bon toutefois d'en minimiser la portée et de relever, par ailleurs, que la prononciation vulgaire n'altère pas le système des oppositions phonologiques héréditaires, comme c'est le cas de certains « accents » dialectaux.

Il n'en reste pas moins que l'oreille la moins sensible et la moins avertie perçoit et identifie les qualités de la prononciation populaire dans laquelle

elle reconnaît une façon de parler caractéristique et profondément différenciée.

Nous allons essayer de montrer l'origine et les composantes de cet « accent » populaire sous ses différentes formes, étant entendu qu'il s'agit ici de cas-limites — des tendances les plus basses du bas-langage — et qu'il n'est nullement notre intention de généraliser et d'étendre à l'ensemble du « peuple » de Paris les jugements souvent pessimistes auxquels notre analyse aboutit.

1. L' « accent » veule est caractérisé par un relâchement des organes de l'articulation.

Nous avons étudié plus haut ce phénomène (cf. *supra*, p. 95) ; mais outre qu'il modifie le profil de la ligne articulatoire, il lui donne une couleur tout à fait particulière.

C'est que la perte de tension phonétique s'accompagne ici d'une perte de tension intellectuelle, psychique et physique. La tension articulatoire, en effet, suppose une attention, une mobilisation, un tonus qui se relâche chez le malade, le vieillard, le neurasthénique, le timide, l'indifférent, etc. C'est pourquoi nous sommes extrêmement sensibles à cette qualité de la voix qui trahit une condition, un psychisme, une attitude.

Cette impression ne s'attache pas aux sons considérés en eux-mêmes ; car l'anglais cultivé, par exemple, est particulièrement détendu, mais cette mollesse naturelle à l'idiome n'implique pas une absence de tension psychique ; au contraire le relâchement d'une langue normalement très tendue, comme le français, donne l'impression d'un avachissement, non seulement du discours mais du parleur.

De même, est normal un paysan sans cravate ou un ouvrier sans veston mais non la concierge de comédie au chignon branlant, aux bas tirebouchonnant dans les charentaises éculées en babouches ménilmuchoises ; ces pantoufles dont une récente statistique nous apprenait que notre pays détient le record mondial de production.

Cet « accent » en pantoufle, veule et avachi, tient, comme on l'a dit, au relâchement des organes de la phonation ; en particulier les joues, le voile, les lèvres qui forment la caisse de résonance dans laquelle se réalise le son. Il se produit alors des vibrations génératrices d'harmoniques qui enveloppent le son de base, le voile, l'obscurcissent, le déforment et l'écrasent.

2. L' « accent » crapuleux. — L'accent crapuleux qui se combine souvent avec l'accent veule se situe un cran au-dessous dans l'échelle du bas langage. C'est déjà l'accent du faubourg interlope qui gravite autour de la pègre.

Il consiste en un allongement abusif et arbitraire de la durée vocalique.

La ligne du discours est constituée par une succession d'articulations dont chacune comporte une certaine durée ; c'est-à-dire un temps qui varie entre 1/4 et 1/2 seconde pendant lequel l'articulation est maintenue. La durée varie avec la nature des sons ; ainsi *i* est plus bref que *an ;* l'*o* de *rose* est plus long que celui de *robe,* etc.

D'autre part la dernière syllabe des mots forts et des syntagmes est accentuée et reçoit normalement une durée plus longue.

L'accent que j'appelle ici crapuleux ou traînant consiste en des variations anormales de la durée. D'une façon générale c'est l'ensemble de la phrase qui reçoit une durée plus longue et qui est ainsi étirée. Mais surtout l'accent de durée se déplace, il est reporté à l'intérieur des mots ou des syntagmes.

L'accent en français tombe en effet sur la dernière voyelle du mot ou plutôt du syntagme (la syllabe perdant son accent à l'intérieur du groupe syntaxique). On a : *une bell' fĩll'/une fill' bẽll'*. Or dans le populaire parisien il semble que l'accent soit à l'heure actuelle en train de reculer sur l'avant-dernière syllabe. Je dis il semble, car ces phénomènes sont mal connus et mal étudiés et il est souvent difficile de décider si on a affaire à une avancée systématique de l'accent ou à un déplacement affectif. Ce déplacement, en général peu sensible dans la mesure où l'accent est, en français, faible et mal différencié, est mis en évidence par l'accent « traînant » de la prononciation populaire.

Dans une prononciation normale la différence est faible entre le *salaūd* (normal) et le *sālaud* (populaire), les variations de durée étant très réduites entre atones et accentuées ; mais dans la prononciation crapuleuse et traînante, l'avancée « populaire » de l'accent de durée prend tout son relief : *le sālaud.*

Voyez, par exemple : *i s'est bārré, l'sālaud* avec l'accent de durée sur les *a* intérieurs. Ou encore : *Vendrēdi, tu te rēnds compte !* avec l'accent sur un *e* sourd atone et sur le terme faible du syntagme.

Ce déplacement crapuleux de la durée ne doit pas être confondu avec les déplacements affectifs de l'accent du type : *c'est épōuvantable !, īmpossible,* etc. Ces derniers sont évidemment nombreux dans la langue populaire qui baigne dans l'affectivité ; mais ils sont motivés et accompagnés de variations de l'intensité et de la hauteur (grave ou aiguë), calquées sur les mouvements de l'émotion et du sentiment.

L'accent traînant, en revanche, est uniforme et

sans relation apparente avec le contenu sémantique. Simplement la voix se traîne le long de la ligne du discours qui s'étire.

L'accent traînant, d'autre part, modifie la qualité phonétique de certains sons. En effet, en français il n'y a pas de voyelles brèves ou longues par nature ; mais certaines peuvent s'allonger par position. Il y a des consonnes « allongeantes » : *r, z, ge, v*.

Ainsi des mots comme *vache, homme*, etc., ne peuvent jamais avoir un *a* ou un *o* longs ; il en est de même de *barré, salaud* dans lesquels l'*a* n'est pas normalement sous l'accent.

Or les variations de l'accent traînant, en se portant sur ces phonèmes créent des sons étrangers au système prosodique du français : *la malle* par exemple est prononcé avec un *a* long comme *la mare* ; *la vache* comme *l'avare*.

Cette particularité donne sa couleur à l'accent crapuleux tout autant que son rythme flemmardeur. L'accent faubourien de Maurice Chevalier (en ses chansons) donne une assez bonne idée de cette prononciation. Dans : *Ma Pōmme*... la qualité de la prononciation tient au fait que l'*o* prononcé comme *ma pore* est allongé tout en conservant son aperture.

On voit que l'action de l'accent traînant est double : d'une part il ralentit le tempo ; d'autre part il en modifie le profil en « traînant » sur des temps normalement brefs.

L'effet est très différent de celui du ton « las », « languide » qui étire les durées mais en en respectant les proportions.

3. L' « accent » voyou est celui du mec qui crache ses mots du coin de la bouche entre le mégot et la commissure des lèvres ; c'est une forme stylisée. Si l'accent crapuleux se traîne avec une nonchalance et

une indifférence mi-réelle et mi-affectée, l'accent voyou ne prend même plus la peine d'ouvrir la bouche. Le gangster de cinéma refuse de participer à un monde que son regard et sa parole toisent de leur mépris.

Cette articulation, reconnaissable sous ses multiples variantes (traînantes, sèches, saccadées), écrase les sons et en réduit les variations et les oppositions d'aperture et de sonorité, entraînant un nivellement de la ligne sonore et une multiplication des syncopes.

Cet écrasement de l'articulation combiné avec l'allongement des durées et le relâchement de la tension donne à la prononciation populaire cette consistance molle, floue et, sous ses formes les plus basses, avachie et ignoble.

Qu'on nous permette, en guise de conclusion, de le comparer à l' « accent » mondain qui, entre le faubourg Saint-Germain et le quai d'Orsay, à l'autre extrémité de l'échelle sociale et de la tangente géographique, constitue une des formes les plus marquées et les plus cocasses de nos parlures. Il est caractérisé par le mouvement de la ligne mélodique dont les variations de hauteur (grave ou aigu) se déplacent sans relation apparente avec le contenu. D'où l'impression d'une sorte de gratuité et de facticité. La ligne sonore est travaillée, ornée, ciselée en fioritures narcissiques. Le parleur se mire dans sa parole en faisant des ronds de voix. La phrase traînante et pincée des demi-sels donne assez souvent cette même impression.

Mais il s'agit là de variantes stylistiques et qui sont en marge du système de la langue proprement dit.

BIBLIOGRAPHIE SOMMAIRE

Henri BAUCHE, *Le langage populaire*. Grammaire, syntaxe et dictionnaire du français tel qu'on le parle dans le peuple de Paris avec tous les termes d'argot usuel, Paris, Payot, 1920.

Henri FREI, *La grammaire des fautes* (thèse de Genève), Bellegarde, S.A.A.G.F., 1929.

Adolphe V. THOMAS, *Dictionnaire des difficultés de la langue française*, Paris, Larousse, 1956.

Pierre GUIRAUD, *L'argot*, collection « Que sais-je ? », n° 700, Paris, Presses Universitaires de France.

TABLE DES MATIÈRES

PAGES

INTRODUCTION 5

CHAPITRE PREMIER. — Réduction analogique des formes irrégulières 13

I. Le nom, 17. 1. Le nombre, 17. 2. Le genre, 18. 3. Genre des adjectifs, 19. — II. Le verbe, 20. 1. Les conjugaisons, 20. 2. L'apophonie, 21. 3. Les temps, 22. — III. Le vocabulaire savant, 24.

CHAPITRE II. — Les lois du français et la structuration du système héréditaire 29

I. Le genre du substantif, 31. — II. Les accords, 33. — III. L'emploi des modes, 36. — IV. — Les formes composées, 38. — V. Les pronoms, 40. — VI. Le décumul du relatif, 44. — VII. L'interrogation, 47.

CHAPITRE III. — Norme et système 51

I. La transposition des catégories grammaticales, 56. — II. Cohérence morphologique et dérivation régressive, 61. — III. Conscience étymologique et glissements de sens, 64. — IV. Marques génériques et marques spécifiques, 67. — V. Solécismes, 74.

CHAPITRE IV. — L'expressivité 77

I. Intensité et affectivité, 79. — II. La dérivation expressive, 80. 1. Les suffixes, 81. 2. Les préfixes, 82. — III. Tautologies, pléonasmes, mises en relief, 83. — IV. Les changements de sens, 88.

CHAPITRE V. — La prononciation 93

I. L' « e » caduc et la règle des trois consonnes, 97. — II. L'assimilation des consonnes, 100. — III. Accidents phonétiques, 103. — IV. Liaisons, cuirs et velours, 105. — V. Les mots étrangers, 108. — VI. L'orthographe, 110. — VII. L'expressivité, 111.

BIBLIOGRAPHIE SOMMAIRE 117

1969. — Imprimerie des Presses Universitaires de France. — Vendôme (France)
ÉDIT. N° 30 536   IMPRIMÉ EN FRANCE   IMP. N° 21 152